国家社会科学基金青年项目"企业社会责任投入动态调整与优
（项目编号：17CGL014）

经济管理学术文库·管理类

企业社会责任投入动态调整与优化对策研究

The Research of Corporate Social Responsibility Investment
Dynamic Adjustment and Optimization Strategy

邹　萍／著

经济管理出版社
ECONOMY & MANAGEMENT PUBLISHING HOUSE

图书在版编目（CIP）数据

企业社会责任投入动态调整与优化对策研究/邹萍著 . —北京：经济管理出版社，2021. 5

ISBN 978 – 7 – 5096 – 8001 – 8

Ⅰ. ①企… Ⅱ. ①邹… Ⅲ. ①企业责任—社会责任—研究 Ⅳ. ①F272 – 05

中国版本图书馆 CIP 数据核字（2021）第 105322 号

组稿编辑：张 昕
责任编辑：曹 靖 郭 飞
责任印制：黄章平
责任校对：董杉珊

出版发行：经济管理出版社
　　　　　（北京市海淀区北蜂窝 8 号中雅大厦 A 座 11 层　100038）
网　　址：www. E – mp. com. cn
电　　话：（010）51915602
印　　刷：唐山玺诚印务有限公司
经　　销：新华书店
开　　本：720mm × 1000mm/16
印　　张：13. 75
字　　数：195 千字
版　　次：2021 年 7 月第 1 版　　2021 年 7 月第 1 次印刷
书　　号：ISBN 978 – 7 – 5096 – 8001 – 8
定　　价：88. 00 元

前　言

　　企业社会责任行为本质上是一种投入行为，即企业将有限的资源投给利益相关者的行为（Waddock，2004）。企业如何合理地将有限的资源配置到社会责任活动中，从而获取最大的经济效益，是科学制定社会责任决策的关键。然而，企业社会责任行为内生于企业内外部环境之中，受错综复杂的因素影响，社会责任投入水平不可避免地会发生波动，企业须通过不断地调整社会责任投入来使之尽可能处于最优配置状态。本书基于战略性企业社会责任理论，从动态调整的独特视角探究社会责任投入行为的内在机制及其优化策略，从企业内部和外部两个方面分析影响社会责任投入动态调整行为的因素，并结合分析结果提出企业社会责任投入的优化对策。本书的研究内容包括理论基础与文献综述、制度背景、理论分析与实证检验以及社会责任投入优化对策提出等。除引言与结语外，正文分六章展开具体研究：

　　第一章和第二章对企业社会责任的理论基础和制度背景进行系统阐述，包括企业社会责任理论基础的回顾与发展，基于古典经济学的工具理论、契约理论、利益相关者理论等；从企业社会责任与企业价值的关系、社会责任的价值传导机制、社会责任的影响因素、社会责任的动机和社会责的经济后果五个方面对企业社会责任的相关研究进行了文献综述；并对中国企业社会责任的制度变迁进行了回顾和分析。

第三章探讨了企业社会责任投入动态调整的具体机理，具体分为两个部分：第一部分采用 Heckman 两阶段模型检验企业社会责任投入与企业价值的关系，发现两者呈倒 U 形关系，即适当的社会责任投入水平有助于企业价值最大化。然而，在实际当中，由于交易成本等复杂因素的存在，企业难以保持社会责任投入水平始终处于理想状态。因此，企业需要更加合理地控制和调整社会责任投入水平。基于这个研究结论，第二部分基于局部调整模型（Partial Adjustment Model）采用广义矩估计（Generalized Method of Moment，GMM）讨论了企业社会责任投入行为的内在机制，发现企业会以最优社会责任投入水平为目标动态地调整实际社会责任投入水平，使之尽可能趋近于理想状态，且动态调整速度越快意味着社会责任投入的资源配置效率越高。

第四章从企业内部环境的角度实证检验企业社会责任投入动态调整行为的影响因素，具体讨论分为四部分：第一部分探讨企业的产权性质对企业社会责任投入动态调整行为的影响；第二部分探讨政治关联对企业社会责任投入动态调整行为的影响；第三部分探讨企业竞争对于企业社会责任投入动态调整行为的影响，具体从企业是否处于竞争激烈行业以及企业自身竞争力高低的角度来研究不同竞争状况下企业社会责任投入动态调整行为的异质性；第四部分探讨高管人文社科教育背景对企业社会责任投入动态调整行为的影响。

第五章从企业外部环境的角度探讨了社会责任投入动态调整的影响因素。本章主要分四部分：第一部分基于非正式制度的视角，分析了儒家文化对企业社会责任投入动态调整的影响；第二部分探讨了法律环境对企业社会责任投入动态调整的影响；第三部分讨论了市场化程度对企业社会责任投入动态调整行为的影响；第四部分探讨地区经济发展水平对企业社会责任投入动态调整行为的影响。

第六章探讨了企业社会责任投入的优化对策。本章基于前文的研究结论，从企业内部环境和外部环境两个方面研究了如何优化企业社会责任投入。在公司内部环境方面，从提高信息披露质量、改善企业产权结构、改善企业治理结构、完善决策制定流程四个方面提出优化企业社会责任投入的对策；在公司外部环境方面，从非正式制度和正式制度相结合以及提高市场化程度等方面提出优化对策。

第一章和第二章为研究提供了理论基础和现实依据；第三章、第四章、第五章是研究的重点，具体分析企业社会责任投入动态调整的内在机理，并进一步探讨企业内、外部环境中各种因素对企业社会责任投入动态调整的影响；第六章结合前文的研究结论提出优化企业社会责任投入的对策。

本书的贡献主要体现在四方面：

第一，跨学科、多角度的基础理论性研究，为全面分析企业社会责任投入动态调整提供了较为深厚的理论基础，创新地基于动态的视角透视企业社会责任行为的内在机制，并且不拘泥于从企业内部环境探讨企业社会责任投入动态调整的问题，从非正式制度、正式制度以及市场化程度的角度提升和拓展了企业社会责任投入动态调整的研究框架。本书是经济学、管理学、财务学、会计学、社会学等多学科的交叉研究，并将战略管理理论、信息不对称理论、委托—代理理论、利益相关者等经典理论以及投资者保护等新兴理论整合置于同一个框架之下，形成了一个较为系统的社会责任投入动态调整理论体系。

第二，不但系统地回顾了企业社会责任理论的发展进程，还描述了中国企业社会责任的制度背景，采用实证研究方法透析了企业社会责任投入动态调整的内在机制，并从微观企业特征、非正式制度、正式制度和市场化程度等多层面分析了企业社会责任投入动态调整的影响因素。这些研究在一定程度上既印证了现有的部分研究又得出了许多新的结论，为企业社会责任的研究提供了新的切入点。

第三，创新地采用 Heckman 两阶段模型找到最优社会责任投入存在的经验证据，并使用局部调整模型（Partial Adjustment Model）刻画出企业社会责任投入动态调整行为，在此基础上逐步通过分组回归分析企业社会责任投入动态调整行为的异质性，并找到其影响因素。

第四，结合本书的研究结论，从企业内部环境和外部环境两个方面，提出了对改善企业社会责任投入动态调整的优化对策。这些对策不仅有的放矢，而且具有较强的前瞻性和实务指导性。

目　录

引 言

第一节 研究背景与研究意义

一、研究背景

履行社会责任不仅是企业提升竞争力，实现自身可持续发展的内在需求，更是贯彻落实"创新、协调、绿色、开放、共享"的五大发展理念的迫切要求。随着中国经济发展迈进新的历史阶段，将社会责任决策纳入企业的经营管理活动中已经成为一种必然趋势。然而，在现实中不少企业在社会责任行为上的盲目与混乱使其从中受益甚微，有些甚至受到损失，以至于一些企业误认为社会责任只是毫无益处的"面子"工作，在具体的实践中表现出敷衍、被动甚至排斥。实践中所暴露出来的问题反映出企业对于社会责任决策的制定与实施缺乏正确的认识。"授人以鱼"不如"授人以渔"，对于社会责任的推动不能仅停留在道德的驱动上，更要从价值创造的角度引导企业主动、科学地履行社会责任。

企业社会责任作为一个商业伦理问题，受到了主观和客观诸多复杂因素的影响，不仅包括企业家的道德水平、企业的经营状况、企业性质，还涉及外部经营环境、制度背景、企业文化等（高勇强等，2011；唐跃军等，2014；修宗峰和周泽将，2018；Logsdon 和 Wood，2002）。传统的社会责任理论已很难对如今的中国企业社会责任行为提供充分的解释，因此，有必要从新的角度剖析其内在机理。现有研究将企业社会责任动机划分为四种：利他动机、政治动机、管理效用动机和战略性动机（Zhang，2010）。利他动机与企业追求经济效益的目标相悖。政治动机和管理效用动机分别从建立政治关联和提高管理者声誉的角度阐释企业社会责任行为。这三种企业社会责任动机的共同点在于社会效益和经济效益过度强调一方。战略性动机的企业社会责任则认为社会责任在产生社会效益的同时，能间接促进企业价值的增值，从而实现企业经济效益和社会效益的和谐发展。具体而言，企业社会责任可以通过改善企业的正面形象来获得利益相关者的支持，从而提高对利益相关者手中资源的可获得性（Backhaus 等，2002；龙文滨和宋献中，2013），进而提高企业的预期收益（Lys 等，2015；Davis 等，2016）。但企业社会责任同样也会带来成本，这包括直接的资源消耗和间接的代理成本（Ullmann，1985；Brown 等，2006）。企业在权衡了社会责任的收益与成本之后，决定出合适的社会责任水平，最大限度地发挥社会责任的企业价值增值作用。本质上企业社会责任表现为一种投入行为，即企业将资源投放给部分利益相关者的行为（Waddock，2004）。企业如何合理地将有限的资源在社会责任与其他传统投资项目间进行配置，从而获取最大的经济效益，是科学制定社会责任决策的关键。然而受企业内外部环境中错综复杂的因素影响，社会责任投入水平不可避免地会发生波动，企业很难确保社会责任投入水平始终处于最优配置状态。因此，企业社会责任对企业增值作用的间接性以及实际投入水平的波动性，意味着企业社会责任投入行为绝非是一蹴而就的，而是表现为一个持续的动态过程。

目前研究企业社会责任动机与经济后果的文献并不少见，但是研究企业社会责任行为内在作用机制的文献相对缺乏。基于此，本书试图构建一个整体的思维框架，基于战略性动机，从动态视角剖析企业的社会责任投入行为，揭示企业社会责任行为的内部作用机制，量化企业社会责任的资源配置效率，并从企业内部和外部两个角度探讨影响企业社会责任内在作用机制的因素，最后提出优化企业社会责任投入水平的政策建议。

二、研究意义

本书的研究目标立足于企业社会责任理论，重点揭示我国企业社会责任行为的内在机理，并从公司内部特征和外部环境两个角度采用规范与实证相结合的方法剖析我国企业社会责任投入动态调整行为的影响因素，进而有针对性地提出企业社会责任投入的优化对策。目前，中国的经济正处于转轨时期，与欧美发达国家成熟的市场经济体制相比，中国的企业在社会责任方面还有很多不足，企业的社会责任理念相对落后。在这样的背景下，分析我国企业社会责任行为的特征，探讨影响企业社会责任投入动态调整的因素对于优化我国企业社会责任投入水平、引导企业积极从事社会责任具有十分重要的理论与实际意义。

在理论意义方面：首先，通过描述和比较的方法分析我国企业社会责任的现状；其次，通过局部调整模型（Partial Adjustment Model）实证检验最优企业社会责任投入是否存在以及企业是否会围绕最优社会责任投入水平动态调整其实际社会责任投入水平；再次，不仅研究了产权性质、政治关联、行业竞争这些微观因素对企业社会责任投入动态调整的影响，而且分别从正式制度和非正式制度的角度探讨了影响企业社会责任投入动态调整的宏观因素；最后，提出企业社会责任投入的优化对策。从动态调整视角研究企业的社会责任投入行为，强调社会责任投入决策的动态调整过程，既对社会责任经济后果的不一致性进行了解答，也为未来的社会责任研究提出了新的思路。

在实际意义方面：一方面，本书的研究有助于帮助企业树立积极参与社会责任并优化相关投入的意识。为企业制定科学合理的社会责任投入决策提供了经验证据支持，有利于我国企业管理者将最优社会责任投入作为一种经营理念融入企业经营的始末，提高社会责任投入的资源配置效率，充分发挥社会责任对企业与社会和谐发展的促进作用。另一方面，为政府引导企业积极主动履行社会责任提供可行思路，能够对《深圳证券交易所上市公司社会责任指引》《关于中央企业履行社会责任的指导意见》等监管政策的进一步完善提供研究支持。

第二节　研究内容与研究方法

一、研究内容

本书以我国企业社会责任投入为研究对象，旨在构建企业社会责任投入动态调整的理论基础，厘清企业社会责任投入的作用机制，并把握中国企业社会责任的现状，全面阐明其影响因素，进而提出有针对性的建议。具体而言，主要包括以下内容：

第一，理论研究。企业社会责任的理论研究不论在国内还是国外都不是一个新鲜话题。但是现有的研究多集中于企业社会责任的影响因素和经济后果，对于其内在作用机制并不十分清楚。只有从理论上阐明企业社会责任投入的内在作用机制，才能对企业的社会责任决策提供有用的建议。

第二，现状分析。只有全面认清与把握我国企业社会责任的特征和现状，才能正确理解我国企业社会责任投入动态调整行为，并发现其中的问题。从现实需求上讲，描述我国企业社会责任现状是深入研究企业社会责任投入动态调整的基础。本书首先对我国企业社会责任的制度背景及现状进行全面而细致的刻画，其次基于现状提出目前我国企业社会责任所存在的问题，最后根据这些问题展开对企业社会责任投入动态调整行为的分析。

第三，机理研究。首先，采用实证检验最优企业社会责任投入是否存在，这是分析企业社会责任投入动态调整行为的前提。其次，采用局部调整模型（Partial Adjustment Model）实证检验企业是否会围绕最优社会责任投入水平动态调整其实际社会责任投入水平。再次，从企业内部特征和外部环境的角度实证分析企业社会责任动态调整行为的影响因素，包括产权性质、政治关联、竞争、行业竞争程度、高管人文社科教育背景、儒家文化、法律环境、市场化程度、地区经济发展水平等。最后，提出企业社会责任投入的优化对策。

第四，对策研究。为优化我国企业社会责任投入，提高我国企业社会责任决策的有效性，本书在理论分析和实证研究结果的基础上，从微观企业和宏观环境两方面提出了一些针对性的政策建议，对企业和政府相关部门都有一定借鉴意义。

二、研究方法

对于企业社会责任的研究虽然有些结论尚不明确，但已经形成了比较成熟的理论研究方法体系。同时，由于中国与西方有明显的制度差异，所以在研究中国企业社会责任时不能脱离其特定的国情与制度背景。本书一方面借鉴西方学者的理论与研究方法，另一方面综合考虑我国特殊的制度背景。总体而言，本书将理论推演与实证检验、定性分析与定量分析、静态分析与动态分析等研究方法有机地结合在一起。根据研究需要，本书具体运用了以下研究方法：

第一，规范分析法。结合我国特殊的制度背景以及我国企业社会责任的现状，从理论上定性分析企业社会责任投入动态调整的内在作用机制，并进一步从企业内部特征和外部环境两方面分析影响企业社会责任投入动态调整的因素。

第二，比较研究法。通过对比分析同类事物更能了解事物的特性分辨事物间的差异，从而发现其中的问题。在有关中国企业社会责任现状的分析中，本书基于地区、行业等标准横向比较了中国企业社会责任投入的情况，从而全面掌握中国企业社会责任的特征。

第三，实证分析法。基于面板数据，通过 Heckman 两阶段回归、两阶段最小二乘法（Two Stage Least Square）等方法实证检验最优企业社会责任投入是否存在，在此基础上构筑局部调整模型（Partial Adjustment Model），采用动态面板广义矩估计（Generalized Method of Moment）检验企业是否会围绕最优社会责任投入水平动态调整其实际社会责任投入水平；通过分组回归，从企业内部特征和外部环境的角度分析企业社会责任动态调整行为的影响因素，包括产权性质、政治关联、竞争地位、行业竞争程度、高管人文社科教育背景、儒家文化、法律环境、市场化程度、地区经济发展水平等。

总体上看，本书的技术路径与研究方法如图 0-1 所示。

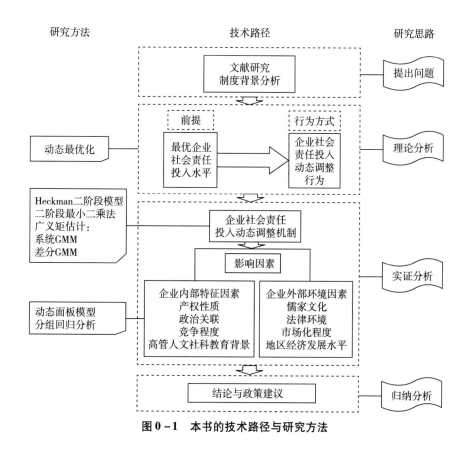

图 0-1 本书的技术路径与研究方法

第三节 基本概念约定

一、企业社会责任投入

本质上企业社会责任表现为一种投入行为，即企业将有限的资源投放给利益相关者的行为，譬如从事慈善捐赠，环保投入，参与扶贫建设等。企业从事企业社会责任会消耗一定的资源，企业如何合理地将有限的资源在社会责任与其他传统投资项目间进行配置，从而获取最大的经济效益，是决定企业社会责任投入水平的关键所在。本书采用企业投入社会责任的金额占总资产的比重来衡量企业社会责任投入水平。之所以这样界定，是因为 Brown 等（2006）和 Ullmann（1985）认为，企业从事社会责任是一种战略性投资行为，企业社会责任投入占总资产的比重在一定程度上可以代表企业愿意将多少资源投入到社会责任中。

二、企业社会责任投入动态调整

为了最大限度地发挥企业社会责任对企业价值的促进作用，当实际社会责任投入比例低于最优投入比例时，企业将选择提高社会责任投入；当实际社会责任投入比例高于最优投入比例时，则会通过减少社会责任投入或将资源投入到其他传统投资项目中来降低社会责任投入比例。然而影响社会责任的因素非常复杂，从微观到宏观各个层面的影响因素以及社会责任投入本身都在变化之中，这使企业最优社会责任投入的选择成为一个动态过程。而且即便企业的社会责任投入在某一时点上被调整至最优比例，随着时间推移会不可避免地发生偏离。因此，企业通过"调整—偏离—再调整"的循环动态调整过程来实现对社会责任投入的控制与管理。

三、调整成本

在实际企业社会责任投入水平的调整过程中，调整速度很难达到100%（即企业社会责任投入水平始终保持在最优状态）。由于交易成本、信息不对称和监管不足等市场摩擦的存在，使社会责任投入调整存在成本，故企业不能完全调整社会责任投入水平，而是通过部分调整逐渐回归到最优比例。当调整成本过大时，企业社会责任投入水平动态调整速度慢，反之当调整成本较小时，调整速度较快。

第一章　理论基础与文献综述

第一节　理论基础

一、企业社会责任理论基础：回顾与发展

尽管企业社会责任是一个现代概念，它其实是对古代哲学问题的新诠释（李树英，2007）。西方的企业社会责任概念最早发源于古希腊，当时社会要求商人在做生意时要注意社会福利和公共道德。在中国，早在两千多年前的春秋战国时期，孔子就专门进行了"义与利的辩论"，其中就涉及利己与利他的选择问题。现代企业社会责任的概念起源于 20 世纪初。1924年，美国学者奥利弗·谢尔顿（Oliver Sheldon）第一次正式提出"企业社会责任"一词，但并未引起人们的重视。1953 年，霍华德·鲍恩（Howard R. Bowen）通过《商人的社会责任》一书将企业的社会责任带入了公众视野。直到近几十年，学术界才真正对企业社会责任展开系统而全面的研究。

20 世纪 70 年代，企业社会责任的研究进入低潮期。作为当时最具代表

性和影响力的企业社会责任思想的批评者，新古典经济学家弗里德曼认为，"企业社会责任是在道德和法律允许的前提下，尽可能多地赚钱，只对公司股东负责"。这在当时得到了学术界的广泛支持。芝加哥学派也在此基础上提出了公司代理理论，并将企业的社会责任划分为非生产性活动。他们认为，企业不履行社会责任可以有效避免代理人或管理者在非生产性活动中使用公司资源，以确保企业最大限度地提高经济效益和经营效率（Fama，1980）。当时，许多公司基于芝加哥学派的理论修改了他们的管理构架，以追求利润最大化为己任。通用电气等大型公司甚至公开表示，"在大多数情况下，公司对社会没有责任"。社会上也发起了反社会责任运动，形成了广泛的利己主义思想，企业社会责任的发展从此进入低迷期。

20世纪80年代，关于企业社会责任和企业社会绩效的研究非常热门。自20世纪70年代末期以来，学者一直试图将社会利益与企业的经济效益相结合。Carroll（1979）提出了构成企业社会绩效的三维概念，即企业社会责任、社会问题管理和企业社会反应，并认为企业的经济目标和社会目标不矛盾。企业的社会责任应包括经济、法律、道德和慈善四个方面，每种责任的权重和履行的顺序不同。Carroll（1979）称此为"金字塔结构"，经济责任是基础，法律责任、道德责任和慈善责任依次下降。尽管Carroll为企业社会责任提供了更清晰的定义，并为企业社会绩效提供了基本框架，但并未深入讨论其相互作用。此后，学者开始研究企业社会责任与社会绩效之间的关系。比如，Wartick和Corhran（1985）扩展了Carroll（1979）的研究。他们认为，公司的社会绩效可以紧密结合企业的社会责任、社会问题管理和企业的社会反应，并提供衡量企业与社会之间关系的方法与标准。Spicer（1978）基于有效市场理论的假设，验证了企业社会绩效能促进其财务绩效的显著提升。随着社会责任金字塔和社会契约等理论的不断丰富和完善，关于企业社会责任与财务绩效的许多研究证实了两者之间存在正相关关系，企业社会责任逐渐得到社会的广泛认可（肖红军和张哲，2017）。

20世纪90年代，利益相关者理论开始应用于企业社会责任研究领域，进一步拓展了企业社会责任的概念。Clarkson（1995）将利益相关者与企业的社会责任相结合，区分社会问题和利益相关者问题，并从制度、组织和个人层面衡量和评估公司的社会绩效和经理的社会绩效。Fineman和Clarke（1996）认为，公司在正式公司战略中对内部利益相关者的责任包括公司对员工负责，而对外部利益相关者的责任则包括公司对自然环境和社区负责。Rowley（1997）基于社会网络理论使用社会责任模型来预测企业对利益相关者的影响。同时，在20世纪90年代全球金融危机之后，政府加强了对企业的控制，企业社会责任被加入到法律中，可见企业社会责任越来越受到重视。Kinderman（2013）对欧盟国家的企业社会责任组织的数量进行了统计，发现自1994年以来，企业社会责任组织的数量迅速增加，并且组织中的企业成员的数量也持续增加。

进入21世纪，随着经济冲击和环境恶化（例如全球变暖和全球金融危机），许多公司已经开始减少其社会责任支出。Zaharia等（2011）对全球8个企业社会责任发展速度较快的国家进行了数据分析，发现在2008年金融危机爆发后，各行业的社会责任绩效普遍下降，而社会对企业社会责任的期望却明显增加。实际的企业社会责任履行状况与公众期望值之间的差距扩大，这说明企业社会责任异化变得更加严重（Ellis和Bastin，2011）。

中国学者对企业的社会责任研究起步更晚一些，20世纪末才开始兴起。随着中国的经济、社会的不断发展，社会矛盾日益尖锐，企业与外部利益相关者的关系变得紧张，企业的可持续发展以及社会和谐稳定面临着挑战。因此，企业社会责任理论与实践越来越被社会公众所关注。目前，企业社会责任的概念已被普遍认可，但理论和实务界对企业社会责任的概念始终没有给出一致的定义①。学者对于企业社会责任的概念提出了各种观点，如"金字塔"理论、"戴维斯"理论、"三个同心圆"理论、"三角"理论等。尽管定义各有不同，但其内涵大多是相同的。实际上，在理论研究中对于什么是企业社会责任并不存在太大的争议，而对于企业为什么要履行社会责任，即企业履行社会责任的动机却饱受争议，学者据此提出了不同的社会责任理论基础。

二、古典经济学的工具理论

(一) 古典经济学的"经济人"假设

现代西方经济学的系统性发展源自亚当·斯密（A. Smith），经过大卫·李嘉图（David Ricardo）、西斯蒙第（Sismondi）、穆勒（J. S. Mill）、萨伊（J. B. Say）等的拓展，逐渐形成了一个经典的经济学理论体系，并称之为古典经济学（Classical Economics）。古典经济学研究的基本假定是人作为经济决策的主体都是充满理性的，即所追求的目标都是使自己的利益最大化。在这样的分析框架中，"理性的经济人"将个人效用的最大化作为经济活动中的行动目标，并且永远不会受到任何社会结构或社会关系的影响。他们只为自己的经济利益做打算，总是没有任何情绪地单独行动。对这种经济学的假设和模型设置被认为是对 19 世纪物理学的粗略模仿。物理学有

---

① 目前，主要存以下几种定义，欧盟对企业社会责任的定义为：公司在资源的基础上，把社会和环境密切整合到它们的经营运作，以及与其利益相关者的互动中；世界银行对企业社会责任的定义为：企业与关键利益相关者的关系、价值观、遵纪守法以及尊重人、社区和环境有关的政策和实践的集合，它是企业为改善利益相关者的生活质量而贡献于可持续发展的一种承诺；我国对企业社会责任的定义主要强调企业在追求经济效益、实现企业自我发展的同时，承担对经济、环境和社会可持续发展的社会责任，企业社会责任集中体现了科学发展观对企业公民责任的根本要求。

简单的和谐振动，经济学同样认为市场是均衡的。

在古典经济学坚持的方法论个体主义立场下，企业是追求利润最大化的营利性机构，是一个超道德（Amoral）的实体。它们只有一种社会责任，即在游戏规则允许的范围内使用资源，提高盈利能力，并为股东利益最大化服务。古典经济学信奉的格言就是"Business's business is business"。亚当·斯密（A. Smith）是这种观点的早期倡导者。他认为，人们将在自身利益的驱动下不自觉地增加整个社会的经济财富，而"看不见的手"将引导和改善社会的福利水平。因此，古典经济学家认为，在既定的适当法律和制度结构下，追求私人利益将会不知不觉地产生有益于整个社会利益的效果。

（二）工具理论与企业社会责任

古典经济学中的"经济人"被假定为完全理性的人，有完整而有序的偏好，而且拥有完整的信息和准确的计算能力。经过一系列的分析和权衡后，他可以选择满足自己偏好且比他人更好的行动（或至少不错的行动）。这种理性是一种工具性的理性，它解释了一个人有目的的行动与可能的结果之间的联系，并且是一种达到目的的手段的概念。在古典经济学的框架下，社会责任是企业实现利润最大化的工具和手段。它没有逃脱"股东利益至上"理论的束缚，认为企业社会责任只有在有助于提高企业盈利能力的前提下有必要去履行。弗里德曼（Friedman）是这种观点的代表学者。古典经济学下的工具理论者在进行企业决策时，主要以经济尺度为衡量标准，遵循"成本与收益"法则，考虑企业的道德行为能够带来的经济效益，而至于社会整体福利的提升只是它们在无意中实现的结果。在古典经济学工具理论的框架下，进一步提出了企业社会责任资源基础理论和企业社会责任功利主义理论。

三、契约理论：合法性与伦理性

（一）契约理论

社会契约论自 16 世纪以来对西方乃至全世界都产生了巨大的影响。在后来的理论发展中，学者进一步将契约思想与企业理论相结合。早在 20 世纪 30 年代，科斯（Coase）就在《企业的本质》中提出了企业契约理论。他认为企业由一系列契约组成，包括企业及其雇员、股东、消费者、政府或供应商之间的契约，包括明确规定的契约和秘密达成的协议（Coase 1995）。签订契约可以有效规范和限制契约双方的行为，更好地保护相互间的利益。契约理论通过提出一系列假设并建立模型来研究特定交易环境中不同契约者的经济行为和结果，在一定程度上简化了交易过程。

企业社会契约理论将企业纳入宏观社会契约分析框架，分析企业与社会的关系以及企业在社会契约中的责任和地位（Kahneman 等，1986）。Williamson（2002）指出，契约的经济学研究方法主要包括产权理论、公共选择、交易成本理论和代理理论，并认为激励理论是在委托代理理论（完全契约理论）的基础上发展起来的。然而，Hart（1991，1995）认为有三个原因：一是人们无法准确预测未来将会发生什么；二是即使人们能够预测或有事项，也很难在契约中明确使用具体的语言来描述；三是即使双方契约中可以找到特定的语言来表达，在出现契约纠纷时，外部很难验证双方的实际情况以及代理理论的道德风险和逆向选择问题。此时，完全契约会偏离，变成次优状态。在 Hart（1991，1995）观点的基础上，学者们提出了不完全契约理论。Donaldson 和 Dunfee（1994，1995）将契约理论发展到一个新的水平，提出了一种综合的社会契约理论来解释企业形成的原因及其存在的合法性问题。他们认为企业公民与社会之间存在着一种契约：企业应该为社会承担社会责任，因为社会为企业的存在提供保障并为企业的发展承担责任。他们指出，企业社会契约具有三个特征：第一，企业社会契约有两个主体，即企业和社会，这是两个可以分离并存在利益冲突的实体。这些利益之间的冲突是可以协调的，从而形成企业社会契约；第二，企业社会契约是企业与社会双方达成的共识，其内容存在于社会体系、法律体系和社会道德体系中；第三，企业社会契约是企业与社会之间一种不断变化的契约关系。企业社会契约的具体内涵随着社会条件的变化而变化。根据契约理论，企业与各关联方之间存在着显性或隐性的契约或协议。这些契约也有其不完全性和交易成本。企业只有很好地履行与这些相关方的契约，才能更好地发展下去。企业社会契约强调了企业社会责任的必要性，本质上承担企业社会责任的目的是为了更好地履行与所有利益相关者的契约。

（二）合法性、伦理性与企业社会责任

根据社会契约理论，企业的社会责任是企业与社会之间契约的一部分（陈宏辉和贾生华，2003）。这要求企业从两个方面考虑其在社会契约中的地位和责任：自身行为对社会的影响以及社会对其行为的期望。企业社会责任是法律制度和道德标准的双重要求的结果。社会契约将企业作为社会公民，认为企业和普通公民一样也必须遵守社会规范，合法性是其行为的最低要求。Mirvis 和 Googins（2006）将"企业公民身份"的发展分为两个阶段：第一阶段是基础阶段（Elementary Stage）。在此阶段，企业的公民行为相对较少，企业主要遵循国家法律和行业规范。第二阶段是变革阶段（Transformative Stage），这个阶段的企业家同时还是慈善家。他们将企业公民行为视为可持续的商业行为，主动用社会道德要求来约束自己的行为（Mirvis 和 Googins，2006）。

根据法律和社会道德的要求，企业社会责任有两个层次：第一层是指遵守最低社会规范的企业，例如公平交易，诚实守信，遵守法律等。第二层是指企业在遵守基本社会道德规范的前提下，承担对员工、供应商、客户、管理人员和当地社区的道德责任。这与 Carroll（1979）对社会责任的四种划分相一致，即经济责任、法律责任、道德责任和慈善责任。之后，在社会契约理论的框架内，衍生出了企业公民理论，社会权利理论和公众期望理论等社会责任理论。

四、利益相关者理论

传统的产权理论认为，企业的资产是由投资者投入的资本形成的。这些资本以实物的形式存在，形成了企业信用担保之基础，并衍生出各种无形资产。因此，根据风险收益匹配的原则，投资者承担企业的剩余风险，自然应该拥有企业的所有权。根据《公司法》，股东大会是公司的最高权力机构，经济学同样认为，最大化股东权利是企业的最终目标。新制度经济学认为，公司是一套不完整且相互依存的资源投入契约履行过程（Jensen 和 Meckling，1976）。企业联合生产过程中各种资源的投入是企业权力（控制权和索偿权）的最终来源。在企业资源结构中，那些边际贡献率更高的资源提供者应具有最大的权力（李维安和王辉，2005）。与传统的产权理论（股东至上）相比，最重要的区别是产权的"一般化"，也就是说，将资源投入到企业联合生产中的利益相关者根据其资源和禀赋享有不同的产权数量。股东产权理论向利益相关者产权理论的发展植根于资源和禀赋结构的变化。随着社会经济的发展，作为企业利益相关者的雇员、顾客，供应商和社区组织对企业提供了越来越多的资源，边际贡献越来越大，他们在企业签订和实施契约的过程中议价能力逐渐增强，纯物质资本提供者在企业中的地位逐渐减弱。利益相关者产权理论打破了传统产权理论只对股东负责的坚持和对物质资本的推崇的观点，重点突出了实现利益相关者价值最大化的新企业目标。

现代企业的实质是利益相关者借由契约关系（组织契约或交易契约）形成的一个组织。企业的行为实际上是复杂契约系统均衡下的结果（Jensen 和 Meckling，1976）。构成企业的契约类型各异：例如由管理者和雇员形成的组织契约；由供应商和客户组成的交易契约。从契约完整性的角度来看，有完整契约和不完整契约、显式契约和隐式契约。具有要素产权的实体形成企业而不是在市场交易活动中充当自由要素的原因是，这种契约型的企业是一种可以带来更大利益的制度安排（刘建秋和宋献中，2012）。在一定的约束条件下（例如交易成本），企业存在的原因是企业的效率高于直接市场交易的效率。总之，企业的效率体现在要素投入要求企业受益的程度上。因此，企业中要素投入的收益共享也必须有相应的契约（显性契约或隐性契约）安排。从本质上讲，这种收益共享是企业对所有者所承担的责任。每个要素的所有者都向企业投资了自己的资本：股东和债权人投资了实物资本，经理和雇员投资了人力资本，消费者和供应商投资了市场资本，政府和公众投资了环境资本。资本的投资使每个主体都有自己的利益诉求，并成为企业的利益相关者（Freeman，2010）。企业要满足所有利益相关者需求，而不同利益相关者的利益诉求不同，因此企业除承担经济责任外，还需承担社会责任。因此，正如克拉克索（1995）指出的，利益相关者理论为企业社会责任研究提供了"理论框架"，企业社会责任被定义为"企业与利益相关者之间的契约"。利益相关者规定了企业资源投入主体范围，界定了企业社会责任活动的范围（Freeman，2010）。

第二节 文献综述

一、企业社会责任与企业价值的关系

早在两千年前的古希腊时期，社会责任思想就已经初见端倪。中国春秋战国时期也已经有了与社会责任思想高度契合的"义利之辨"。但西方国家真正开始对社会责任进行系统研究是近几十年的事，中国则是在20世纪90年代才开始涉足社会责任的研究。自Sheldon（1924）首次提出社会责任概念，随后的数十年里国内外学者提出了许多理论来解释社会责任，诸如金字塔理论、戴维斯理论、三圈理论等。虽然社会责任的内涵随着时代的进步在不断变化和完善，但其核心思想却始终是一致的。然而关于社会责任与企业价值的关系却饱受争议（李国平和韦晓茜，2014）。这些矛盾的研究结论意味着社会责任与企业价值相关性的内在机理尚需进一步厘清。基于这个原因，现有研究对于企业最关心的如何制定社会责任决策的问题也并没有给出理想的回答。

多数研究支持社会责任与企业价值正相关观点。基于不同的样本，采用不同的社会责任与企业价值指标，研究发现社会责任与企业价值正相关，而且两者之间存在正向的交互协同关系（Bragdon 和 Marlin，1972；Moskowitz，1972；Orlitzky 等，2003；张兆国、靳小翠、李庚秦，2013）。然而有研究对此提出异议，认为社会责任与企业价值是负相关，因为社会责任增加了企业的负担，其中以环境保护方面的社会责任对企业价值的负面影响最大，社区服务方面的社会责任对企业价值的负面影响最小（Alexander

和 Buchholz，1978；Brammer 等，2006）。也有研究认为社会责任与企业价值并无关系，它们两者之所以在许多研究中被发现具有相关关系，是因为遗漏了一些重要变量（McWilliams 和 Siegel，2000；Nelling 和 Webb，2009）。近年来开始有研究认为，社会责任与企业价值不是非负即正的线性关系，而是更加复杂的非线性关系。有些研究认为社会责任与企业价值是倒 U 形关系，随着社会责任履行程度的上升，企业与利益相关者的关系变得更加和谐，企业价值上升，在达到一定程度后，社会责任成本便超出了企业可承受的范围，企业价值下降，即存在一个最优的社会责任投入点，或最优区间，使企业价值最大化（Brammer 和 Millington，2008）。也有研究认为社会责任与企业绩效是正 U 形关系，当社会责任履行程度处于较低水平时，随着履行程度的提高，企业的额外成本增加，企业价值下降，但是在社会责任履行程度达到较高水平之后，有助于企业从利益相关者处获得更多资源和盈利机会，企业价值上升（Barnett 和 Salomon，2012）。龙文滨和宋献中（2014）认为在一定的社会责任投入区间内，社会责任与企业价值呈正 U 形关系，这个区间的上限 W_H 即为最优投入点，超过这个界点，企业价值就开始下降，但遗憾的是他们只对该 U 形关系提供了经验证据，而对最优点只进行了理论分析。从这些有限的文献梳理中可以发现，社会责任与企业价值的关系尚存在争议，但目前的趋势是认为两者间并不是简单的线性关系，而是相对复杂的非线性关系，这种关系有助于解释现实中既有正向又有负向的研究结果，而且也意味着对社会责任投入的优化配置提出了更具体的要求。

二、企业社会责任的价值传导机制

社会责任的价值传导机制的核心在于创造的收益能否弥补发生的成本。

从收益的角度来看，社会责任为企业创造的收益具有间接性，而且受到一定的约束。由于利益相关者控制了许多关键资源，社会责任可以通过提高企业的正面形象而获得利益相关者的支持，从而提高对这些资源的可获得性（Backhaus 等，2002；Frooman，1999；Fombrun 等，2010），进而提高未来预期的收入（Lys 等，2015；Davis 等，2016），或是降低潜在的风险（Jo 和 Na，2012；Jiang 等，2015）。但是利益相关者掌握的资源是有限的，这就为社会责任的收益带来了一定的约束（Wang 等，2008）。企业的正面形象即为信誉资本的外在表现形式（龙文滨和宋献中，2013）。具体而言，企业在产品与服务的质量上增加投入有助于形成对顾客的信誉资本，促使顾客优先选择这类企业（Godfrey 等，2009；Peloza 和 Shang，2011）。企业增加对员工的投入有助于形成对员工的信誉资本，从而激励员工更加积极地工作、降低员工离职率、吸引优秀人才（Berman 等，1999；Goodman 等，2006；McWilliams 和 Siegel，2011）。企业对投资者的投入有利于与投资者之间关系的建立和强化，树立起公司的财务信誉，从而降低企业的融资成本、增强投资者信心、获取投资者支持等（龙文滨和宋献中，2013；李姝等，2013）。企业对社区的投入有助于企业道德信誉的形成，为企业的关系资产提供保护，减轻负面事件对企业的影响（Godfrey，2005；Brammer 和 Millington，2005）。

从成本角度来看，社会责任为企业带来的成本主要可分为两类：一类是社会责任的资源消耗构成企业的显性成本。社会责任占用企业资源，导致企业核心竞争业务资源投入不足，削弱了企业竞争力（Ullman，1985）。另一类是社会责任的投入构成企业的隐性代理成本。高管有动机利用企业的社会责任行为来实现个人效用，譬如提升个人的社会声誉、建立私人关系等，从而损害企业以及利益相关者的利益（Friedman，1970；Brown 等，

2006）。而且企业大量投入社会责任向利益相关者传递了一个负面的信号——公司存在大量的闲置资源（Preston 和 O'Bannon，1997；Seifert 等，2004），代理问题会也因此而更加严重，利益相关者对企业的负面评价上升，提供资源的意愿下降（Jensen 和 Meckling，1976）。

从上述对于社会责任收益与成本的研究来看：一方面，社会责任收益具有间接性且存在约束，因此社会责任收益不会随着投入的增加而线性增长。另一方面，随着社会责任投入的增加，社会责任的显性成本增加，同时为高管的机会主义行为创造了更大的可能性，导致社会责任的代理成本的更大幅度增长。考虑到社会责任收益和成本的这些特征，社会责任与企业价值的关系更可能是非线性关系，且很可能存在一个最优的投入水平使得社会责任对企业的边际贡献达到最大。

三、企业社会责任的影响因素

企业履行社会责任的影响因素可分为两大类：一类是企业的内在经济动机因素；另一类是外部环境压力因素。从内在经济动机的角度来看：企业规模越大、企业盈利能力越强、企业年龄越长，企业越是倾向于履行社会责任（Mcwilliams，2001；山立威等，2008），但是企业盈利能力的下滑却未必会导致社会责任履行程度的下降（李四海等，2016）；企业负债率较高，股权集中度较高，会导致控制权易集中于少数股东手中，企业的社会责任意识较差（Rashid 和 Lodh，2008；Li 和 Zhang，2008）；在我国特殊的二元经济体制背景下，相比国有企业，非国有企业会更加积极地履行社会责任，以期从政府那里获取更多资源（Zhang 等，2009；张敏等，2013）；高管的政治经历、政治身份、贫困经历以及宗教信仰有助于企业更加积极地履行社会责任（张建君，2013；许年行和李哲，2016；曾建光等，

2016）。从外部环境压力的角度来看：行业竞争的激烈程度、媒体关注度以及地方政府换届所导致的政治不确定性风险都能促使企业更积极地履行社会责任以降低潜在风险（Zhang 等，2010；Jiang 等，2015；孔东民等，2013；戴亦一等，2014；贾兴平和刘益，2014）。上述研究从静态的角度探讨了社会责任的影响因素，为社会责任的动机提供了较丰富的解读，但是社会责任决策是贯穿于企业经营始末的动态行为，对于各因素在具体的社会责任决策行为中的影响机理的探讨还存在缺憾。

四、企业社会责任的动机

目前关于企业社会责任的动机研究尚存争议，有"价值创造"和"自利工具"两种相对的理论。

"价值创造"理论认为企业社会责任从长期来看体现了股东的利益，并将企业社会责任视为一种维护利益相关方关系的资产。企业较好地履行社会责任可为其形成有价值的无形资产，提高企业竞争优势进而增加股东利益（Hillman 和 Keim，2001）。Fombrun（2005）认为，企业依照国际规范履行社会责任可以提高其声誉，从而提高企业盈利。对于中国资本市场，黄珺和贺国亮（2017）认为，企业为高质量完成其社会责任需改进生产工艺和技术，而技术创新可以保证企业的竞争优势，进而提高企业价值。宋献中等（2017）认为，社会责任信息披露能够增强企业与市场的沟通，降低上市公司与投资者之间的信息不对称，从而有助于降低股价崩盘风险。

另外一些学者认为管理者会将社会责任视为"自利工具"，掩饰其机会主义行为，增加代理成本。Hemingway 和 Maclagan（2004）直接将粉饰管理层失德行为、转移股东注意视为企业履行社会责任的动机之一。同样大量研究证明大部分国内企业利用社会责任的"工具性"为其疏通政治关系、建立政治关联（Hemingway 和 Maclagan，2004；田利辉和张伟，2013；戴亦一等，2014）。权小锋等（2015）将社会责任信息披露评分作为企业社会责任的代理变量，研究发现企业通过社会责任掩盖了负面信息，使得信息严重不对称，进而导致了股价崩盘风险，证明企业履行社会责任具有"自利工具"动机。因此，"自利工具"理论认为，企业履行社会责任是管理层以自身利益为中心的表现，视企业社会责任为掩盖负面信息的工具，最终损害股东的权益和企业价值。

五、企业社会责任的经济后果

已有研究发现，企业社会责任对企业声誉、企业资本结构和企业绩效等方面均有影响。本书主要从对企业内部治理和与利益相关者的关系两方面综述企业社会责任的经济后果。

在企业内部治理方面，已有研究表明企业社会责任对资本成本、企业绩效、员工管理、高管薪酬等都存在影响。在对资本成本的影响上，企业披露社会责任信息发挥了正向的资本成本效果，而且在发布社会责任报告的前提下，高盈利的公司比低盈利的公司资本成本更低（Wu 等，2014）。Yeh 等（2020）发现企业绩效高的企业，其股权资本成本可能不会显著降低，但能够迅速降低债务资本成本。杨楠（2015）指出具有高度社会责任感的企业能更好地协调员工的关系，重视环境和产品质量问题，从而帮助降低公司的融资成本。Bhandari 等（2017）利用开创性的投资 Q 框架，发现企业社会责任对外部融资 Q 敏感性有负面影响，加剧了投资对现金流的敏感性。在对企业绩效的影响上，研究发现如果公司不从事对社会负责的活动，可能对公司的长期发展造成潜在损害，产生隐性或显性成本并失去竞争优势，这会对它们的财务业绩产生负面影响（杨金磊，2019）。李松琦

（2019）发现企业社会责任的履行能强化股权薪酬与企业长期绩效之间的正相关关系。

在企业外部方面与利益相关者的关系方面，随着企业社会责任（CSR）的理念逐渐成熟，许多投资者利益相关者已经认识到了承担社会责任的好处与企业社会责任的重要性，除了能降低资本成本，进而提升财务绩效外，从长期看，企业社会责任的披露更是与企业身份和商业战略结合起来，建立公司的独特影响力与核心竞争力。Saraswati 等（2019）认为，企业社会责任披露对企业价值具有负向影响，而良好的公司治理可以增强社会责任披露对公司价值的影响。Attig 和 Brockman（2017）、柳学信等（2019）基于风险管理视角，指出企业可通过扩大企业社会责任活动来减少资本市场相关的风险，并提升企业声誉。王站杰等（2019）以国际化企业为样本，发现企业社会责任能够有效规避各种贸易壁垒，提高顾客的认同与忠诚度，有利于海外市场的开拓。Kim 等（2012）认为，企业社会责任为组织和社会能力创造了可靠的社会网络，并在企业中产生积极态度，成为经济繁荣和可持续发展的关键组成部分。王青、徐世勇和沈洁（2018）通过对江森自控这一跨国企业的案例分析，得出企业在承担基于利益相关者的社会责任过程中能够提高企业适应外部需求的能力，从而增强企业可持续发展的能力。Zucker（1986）认为企业社会责任能够帮助企业获得供应商和战略伙伴更多的信任，从而降低交易成本。Navarro（1988）发现企业社会责任有利于取得员工的信赖，提高生产和运作效率。从与政府的关系角度，Neiheisel（1994）发现从事社会责任有利于企业与政府及其有关部门保持良好的关系，改善经营环境。此外，还有研究发现，企业履行社会责任有利于展现出企业良好的道德品质，利用道德资本的长期积累增加利润和提高效益（Brammer 和 Millington，2005），增强消费者和公众对企业的好感与信赖，提升产品和品牌形象（Brammer 和 Millington，2008）。简而言之，企业社会责任有助于企业自身赢得利益相关者的积极支持，从而获取更多有利于企业持续经营和发展所需的重要资源（Wang 和 Qian，2011）。

六、文献述评

总体而言，现有研究存在以下局限性：一是对于社会责任与企业价值的关系及价值创造机理尚未厘清，正因如此关于最优社会责任投入的经验证据也比较匮乏；二是忽视了社会责任行为本身是企业资源投入行为的一种，对于其资源配置过程没有清晰的认识，使现有研究的实践指导性相对不足；三是现有文献主要从静态的角度探讨了社会责任，尚未有研究从动态调整的角度探讨社会责任的影响因素及优化对策；四是关于企业社会责任的影响因素方面缺乏结合中国制度背景的研究。这些正是本书所确定的研究重点。

第三节　本章小结

自 20 世纪初企业社会责任概念被提出以来，学者对企业社会责任作了大量理论分析。本章首先依据时间顺序回顾了企业社会责任理论，对企业社会责任理论的发展脉络进行了比较系统的梳理。其次从工具理论、契约理论、利益相关者理论详细阐述企业社会责任的理论基础。最后从企业社会责任与企业价值的关系、企业社会责任的价值传导机制、企业社会责任的影响因素、企业履行社会责任的动机以及经济后果五个方面系统地进行文献综述。

工具理论基于"理性经济人"假设，认为社会责任是企业实现利润最大化的工具和手段。它没有逃脱"股东利益至上"理论的束缚，企业社会责任只有在有助于提高企业盈利能力的前提下才有必要去履行。古典经济学下的工具理论者在进行企业决策时，主要以经济尺度为衡量标准，遵循"成本与收益"法则，考虑企业的道德行为能够带来的经济效益，而至于社会整体福利的提升只是它们在无意中实现的结果。在古典经济学工具理论的框架下，进一步提出了企业社会责任资源基础理论和企业社会责任功利主义理论。

契约理论认为企业公民与社会之间存在着一种契约。企业应该为社会承担社会责任，社会为企业的存在提供保障并为企业的发展承担责任。企业社会契约具有三个特征：第一，企业社会契约有两个主体，即企业和社会。这是两个可以分离并存在利益冲突的实体。这些利益之间的冲突是可以协调的，从而形成企业社会契约；第二，企业社会契约是企业与社会双方达成的共识，其内容存在于社会体系、法律体系和社会道德体系中；第三，企业社会契约是企业与社会之间一种不断变化的契约关系。根据契约理论，企业与各关联方之间存在着显性或隐性的契约或协议。这些契约也有其不完全性和交易成本。企业只有很好地履行与这些相关方的契约，才能更好地发展下去。企业社会契约强调了企业社会责任的必要性，本质上承担企业社会责任的目的是更好地履行与所有利益相关者的契约。

利益相关者理论认为每个利益相关者都向企业投资了自己的资本：股东和债权人投资了实物资本，经理和雇员投资了人力资本，消费者和供应商投资了市场资本，政府和公众投资了环境资本。资本的投资使每个主体都有自己的利益诉求，并成为企业的利益相关者。企业要满足所有利益相关者需求，而不同利益相关者的利益诉求不同，企业除承担经济责任外，还需承担社会责任。因此，利益相关者理论为企业社会责任研究提供了"理论框架"。利益相关者规定了企业资源投入主体范围，界定了企业社会责任活动的范围。

然而，每种企业社会责任理论都是在不同的历史时期提出的，且多是基于西方发达国家上市公司的研究结果，所以未必完全适用于现代中国。中国有独特的制度背景，而且其市场经济体制的建立时间短暂。传统的企业社会责任理论未必能够较好地解释中国企业社会责任现象。下一章将系统地对中国上市公司履行企业社会责任的制度背景及现状分析进行深入剖析。

第二章 中国企业社会责任的制度背景

现代企业和企业家对待社会责任的态度和政策随着外部经济和社会环境的变化以及企业自身性质和发展不断发生着变化。研究指出，实践中企业家的社会责任理念往往要比理论的提出领先数十年，他们很早就意识到自身社会形象决定能否收到利益相关者的支持，企业的社会责任投入对企业的长远发展有着深远的影响（Frederick，1983）。我国于2006年提出"构建社会主义和谐社会"的战略目标，将这一目标落实到微观层面就具体化为要求企业履行社会责任。因此，企业社会责任受到中央政府的高度重视，我国企业的可持续发展进入了强力推进的快车道。许多企业敏感地嗅到社会责任的重要性，开始积极探索将社会责任决策融入企业战略和日常管理。

根据新制度主义理论，外部形成的各种规则、规范或法律使各种新的管理实践合法化（DiMaggio 和 Powell，1983）。自改革开放以来，市场化改革的推行使企业逐步向独立经济主体转变，但在积极追求经济增长的政策导向下，企业的社会责任被忽视，生产假冒伪劣产品、污染环境、拖欠工资等现象时有发生。2003年，我国人均 GDP 突破 1000 美元上升至 1087 美元，标志着我国经济发展进入了新的高度，不能再单纯地以经济发展为目标。在这一背景下，2004 年 9 月党中央在十六届四中全会上提出了"建设和谐社会"的概念，并于 2006 年将"构建社会主义和谐社会"作为具有战略意义的执政政策。之后我国政府陆续出台了有关企业社会责任的一系列法律法规及政策文件，强有力地推动了我国企业社会责任的蓬勃发展。

2006 年颁布实施的《公司法》明确指出，公司从事经营活动必须承担社会责任。同年深圳证券交易所发布《上市公司社会责任指引》，率先对上市公司履行社会责任提出了详细要求。2008 年，上海证券交易所出台《关于加强上市公司社会责任承担工作的通知》以及《上市公司环境信息披露指引》，提出企业应在社会责任报告中披露公司在促进社会可持续发展方面、环境与生态可持续发展及经济可持续性方面的工作，并要求从事火力发电、钢铁、水泥等对环境影响较大行业的公司重点说明在环保投资和环境技术开发方面的工作情况。上交所和深交所于 2008 年 12 月分别出台《关于做好上市公司 2008 年年度报告工作的通知》，对部分上市公司提出强制披露社会责任报告的要求。2011 年国资委发布《中央企业"十二五"和谐发展战略实施纲要》，意味着国家将央企的社会责任履行拔高到了企业战略层面。在国资委要求下，2012 年底，所有央企都已发布企业社会责任报告，其中近 90% 的央企制定了长期的社会责任工作战略规划。2013 年党的十八届三中全会发布的《中共中央关于全面深化改革若干重大问题的决定》中，将企业社会责任上升为国家战略。2014 年，党的十八届四中全会提出加强企业社会责任立法，社会责任推进进入法制化轨道。进入 21 世纪以来环境可持续性和社会可持续性作为最受政府和公众关注的问题，也成为企业进行战略性社会责任规划的重要内容。

我国自改革开放以来，以高投资、高能耗及高排放为特征的工业 GDP 年均增速高达 11.5%，在对经济发展做出巨大贡献的同时导致大量的资源消耗和严重的环境污染。自 2002 年起，我国经济进入重化工业加速期，钢铁、水泥等高耗能行业急速膨胀，低能耗的服务业占 GDP 的比重从 2003 年的 41.7% 下滑到 2007 年的 39.3%，而工业占比相应上升。为了应对日益严峻的环境污染问题，我国政府先后颁布了一系列法律、法规和行为指引，形成了较完整的环境政策规制体系。2006 年 8 月，国务院发布《"十一五"期间全国主要污染物排放总量控制计划》，首次提出将主要污染物的化学需氧量（COD）和二氧化硫（SO_2）排放减少量控制为 10% 的总量控制目标。2011 年 8 月，国务院颁布了《"十二五"节能减排综合性工作方案》《关于加强环境保护重点工作的意见》《国家环境保护"十二五"规划》等一系列纲领性政策文件，明确提出要重视创新、改进并完善环境经济政策，把积极应对气候变化作为经济社会发展的重大战略，作为加快转变经济发展方式、调整经济结构和推进新的产业革命的重大机遇。2014 年 4 月，十二届人大修订通过了《中华人民共和国环境保护法》，强化了企业污染防治责任，加大了对环境违法行为的法律制裁，被称为我国史上最严厉的环保法律。2013 年 9 月、2015 年 4 月和 2016 年 5 月，国务院相继出台大气、水、土污染防治行动计划，建立起全方位覆盖的环境保护大战略。2016 年 12 月颁布的《中华人民共和国环境保护税法》以法律形式确定了污染者付费原则，提高了环境税收征管的规范性和透明度，有利于促进企业绿色发展。2017 年 10 月，党的十九大报告将"污染防治"作为全面建成小康社会三大攻坚战之一，要求调整产业结构，淘汰落后产能，加大节能力度和考核。2018 年 6 月，中共中央、国务院发布《关于全面加强生态环境保护坚决打好污染防治攻坚战的意见》，对全面加强生态环境保护、坚决打好污染防治攻坚战做出部署安排。表 2 - 1 列示了自 2006 年以来我国政府发布的环境保护相关法律法规。

表 2 – 1　自 2006 年以来我国环境保护相关法律法规

时间	名称	发布主体	主要内容
2006 年 8 月	"十一五"期间全国主要污染物排放总量控制计划	国务院	提出主要污染物排放减少量目标
2007 年 5 月	节能减排综合性工作方案	国务院	明确了"十一五"期间节能减排的目标任务和总体要求
2011 年 8 月	"十二五"节能减排综合性工作方案	国务院	明确了"十二五"期间节能减排的目标任务和总体要求
2013 年 9 月	大气污染防治行动计划	国务院	制定了全国地级以上城市大气污染物防治目标
2014 年 4 月	中华人民共和国环境保护法（修订）	第十二届全国人大	以法律条文形式确立保护环境是国家的基本国策
2014 年 12 月	企业事业单位环境信息公开办法	环保部	推动企事业单位环境信息公开
2015 年 2 月	水污染防治行动计划	国务院	制定了重点流域水质标准
2016 年 5 月	土壤污染防治行动计划	国务院	制定了土壤污染治理目标
2016 年 12 月	中华人民共和国环境保护税法	十二届全国人大	以法律条文形式规定环境保护税征收办法
2017 年 1 月	"十三五"节能减排综合性工作方案	国务院	明确了"十三五"期间节能减排的目标任务和总体要求
2017 年 6 月	关于共同开展上市公司环境信息披露工作的合作协议	环保部、证监会	推动建立和完善上市公司强制性环境信息披露制度
2017 年 10 月	控制污染物排放许可证实施方案	国务院	排污费许可制度改革正式启动
2018 年 3 月	关于全面加强生态环境保护坚决打好污染防治攻坚战的意见	中共中央国务院	明确打好污染防治攻坚战的时间表、路线图、任务书

　　慈善捐赠是我国企业承担社会责任的传统形式，也是企业为实现社会可持续发展履行的公益责任的主要形式。2007 年 1 月，党的十七大报告明确指出，慈善事业是我国覆盖城乡居民的社会保障体系的重要补充，是以改善民生为重点的社会建设不可或缺的组成部分。2007 年新修订的《中华人民共和国企业所得税法》将企业的公益捐赠免税额提高至企业年利润总额的 12%；同年，财政部、国家税务总局联合下文，将地方性慈善捐赠税前扣除的审查资格下放到省一级。2010 年 10 月，党的十七届五中全会再次

明确提出"大力发展慈善事业"的要求，肯定了慈善事业发展的基本方向。2011 年 12 月，民政部发布《公益慈善捐助信息公开指引》，为各类公益慈善组织和机构公开信息提供指导性规范，引导公益慈善资源的有效使用并推动慈善事业持续健康发展。2013 年，党的十八届三中全会明确提出，"适合由社会组织提供的公共服务和解决的事项，交由社会组织承担"，要求社会公益组织去行政化。2014 年 12 月，国务院下发了《关于促进慈善事业健康发展的指导意见》，计划到 2020 年慈善事业对社会救助体系形成有力补充，成为全面建成小康社会的重要力量。2016 年 3 月《中华人民共和国慈善法》颁布，标志着我国慈善事业进入依法治理时代。同年，财政部和国家税务总局发布《关于公益股权捐赠企业所得税政策问题的通知》，令企业公益性股权捐赠的税收减免问题得以初步破题。党的十九大报告提出，到2020 年要完成全面建成小康社会的目标，明确提出"坚决打赢脱贫攻坚战"和"让贫困人口和贫困地区同全国一道进入全面小康社会"的庄严承诺。表 2 - 2 列示了自 2006 年以来我国慈善捐赠相关法律法规。

表 2 - 2　自 2006 年以来我国慈善捐赠相关法律法规

时间	名称	发布主体	主要内容
人大及国家部委发布的相关法律法规及文件			
2011 年 12 月	公益慈善捐助信息公开指引	民政部	规范公益慈善捐助信息披露工作
2014 年 12 月	关于促进慈善业健康发展的指导意见	国务院	指导、规范和促进慈善事业发展的文件
2016 年 3 月	中华人民共和国慈善法	全国人大	确立国家慈善事业发展的现代规范
国家党代会报告			
2007 年 1 月	党的十七大报告		提出慈善事业是我国社会保障体系的重要补充
2012 年 11 月	党的十八大报告		推进社会体制改革，要求社会公益组织去行政化
2017 年 1 月	党的十九大报告		将精准脱贫作为全面建成小康社会的三大攻坚战

近年来,证监会、交易所已发布多条规则和指引来规范健全有关上市公司社会责任的信息披露工作,随着国际监管趋势的发展和社会责任投资理念的普及,未来不排除监管部门进一步强化社会责任信息的强制披露监管要求。越来越多的企业从"重利润、轻责任"到逐步认识到责任管理对于企业长远发展的重要性,从制定责任战略、推进责任融入、提升责任能力等方面不断健全责任管理体系,推进责任管理建设。近年来证监会、上海证券交易所和深圳证券交易所陆续出台了多项企业社会责任信息披露的政策规定及文件,具体如表2-3所示。

表2-3 自2006年以来我国企业社会责任信息披露的相关规定及文件

时间	相关规定及文件	主要内容
证监会出台的各项相关规定及文件		
2016年	上市公司年报、半年报内容与格式准则(修订)	规定属于环境监管部门公布的重点排污单位的公司及其子公司,应当强制披露有关环境信息
2017年12月	公开发行证券的公司信息披露内容与格式准则第2号——年度报告的内容与格式(2017年修订)	在报告期内以临时报告的形式披露环境信息内容的,应当说明后续进展或变化情况;重点排污单位之外的公司可以参照上述要求披露其环境信息,若不披露的,应当充分说明原因;鼓励公司自愿披露有利于保护生态、防治污染、履行环境责任的相关信息
2018年9月	《上市公司治理准则》,第八十七条	上市公司在保持公司持续发展、实现股东利益最大化的同时,应关注所在社区的福利、环境保护、公益事业等问题,重视公司的社会责任
上海证券交易所出台的各项相关规定及文件		
2008年5月	关于加强上市公司社会责任承担工作暨发布的通知	要求上市公司加强社会责任承担工作,并及时披露公司在员工安全、产品责任、环境保护等方面承担社会责任方面的做法和成绩,并对上市公司环境信息披露提出了具体要求

续表

时间	相关规定及文件	主要内容
上海证券交易所出台的各项相关规定及文件		
2019 年 3 月	上海证券交易所科创板股票上市规则	上市公司应当在年度报告中披露履行社会责任的情况，并视情况编制和披露社会责任报告、可持续发展报告、环境责任报告等文件。出现违背社会责任重大事项时应当充分评估潜在影响并及时披露，说明原因和解决方案
2020 年 9 月	《上海证券交易所科创板上市公司自律监管规则适用指引第2号：自愿信息披露》，第十四条环境、社会责任和公司治理	科创公司可以在根据法律规则的规定，披露环境保护、社会责任履行情况和公司治理一般信息的基础上，根据所在行业、业务特点、治理结构，进一步披露环境、社会责任和公司治理方面的个性化信息
深圳证券交易所出台的各项相关规定及文件		
2006 年 9 月	上市公司社会责任指引	要求上市公司积极履行社会责任，定期评估公司社会责任的履行情况，自愿披露企业社会责任报告
2015 年 3 月	中小板上市公司规范运作指引	上市公司出现重大环境污染问题时，应当及时披露环境污染产生的原因、对公司业绩的影响、环境污染的影响情况、公司拟采取的整改措施等
2020 年 9 月	《上市公司信息披露工作考核办法》，第十六条	对上市公司履行社会责任的披露情况进行考核，重点关注以下方面：（一）是否主动披露社会责任报告，报告内容是否充实、完整；（二）是否主动披露环境、社会责任和公司治理履行情况，报告内容是否充实、完整；（三）是否主动披露公司积极参与符合国家重大战略方针等事项的信息。上市公司发布内容充实、完整的 CSR 报告、ESG 报告以及披露积极参与符合国家重大战略方针等事项的信息均可为公司的信息披露工作加分，并将上市公司信息披露工作考核结果记入诚信档案，通报中国证监会相关监管部门和上市公司所在地证监局

第三章 企业社会责任投入动态调整机制

在我国政府的有力推动下，自2006年起，我国企业社会责任开始进入快速发展阶段，相关政策陆续出台，日渐成熟。2006年，深圳证券交易所发布了《上市公司社会责任指南》，2008年，上海证券交易所发布了《关于加强上市公司社会责任承担工作暨发布上海证券交易所上市公司环境信息披露指引的通知》。从企业社会责任报告发布数量来看，根据我国第三方评级机构润灵环球责任评级数据库（RKS）统计，2001~2005年总共仅有24家公司发布社会责任报告，而2006年一年就有33家企业发布报告，2016年更是飙升至1710份。近些年来，企业发布社会责任报告数量的大幅度上升，一方面表明企业社会责任相关政策的出台有效地促进了企业社会责任，另一方面也在一定程度上说明企业开始逐渐重视社会责任问题。实务界和理论界纷纷开始意识到企业从事社会责任的重要性。但是如何从战略层面制定完善的社会责任投入决策仍然是个未打开的"黑匣子"。

第一节　最优企业社会责任投入存在的证据

一、理论分析与假设提出

企业社会责任与企业价值的关系一直存有争议，目前的趋势是认为两者并不是简单的非负即正的线性关系，而是相对复杂的非线性关系（Wang等，2008；Barnett 和 Salomon，2012）。企业社会责任的价值传导机制的核心在于创造的收益能否弥补发生的成本。从收益的角度来看，企业社会责任为企业创造的收益具有间接性，而且受到一定的约束。由于利益相关者控制了许多关键资源，企业社会责任可以通过改善企业的形象而获得利益相关者的支持，从而提高对这些资源的可获得性（Backhaus 等，2002；龙文滨和宋献中，2013），进而提高企业未来预期的收入（Lys 等，2015；Davis 等，2016），或是降低企业潜在的风险（Jiang 等，2015）。但是利益相关者掌握的关键资源毕竟是有限的，这就为企业社会责任的收益带来了一定的约束（Wang 等，2008）。从成本角度来看，企业社会责任为企业带来的成本主要可分为两类。一类是企业社会责任的资源消耗构成企业的显性成本。企业社会责任耗用企业资源，过度的社会责任投入可能会导致企业核心竞争业务资源投入不足（Ullman，1985）。另一类是企业社会责任的投入构成企业的隐性代理成本。

战略性企业社会责任决策是收益和成本权衡的结果。理想的企业社会责任水平刚好位于社会责任投入带来的收益与社会责任投入本身产生的成本的平衡点上，过度的投入社会责任或者不愿投入社会责任都不利于企业价值最大化。企业社会责任能否为企业带来收益关键取决于利益相关者对企业社会责任行为的反馈，反馈越正面且力度越强，收益便越大。当企业社会责任水平相对较低时，随着投入水平的上升，利益相关者对社会责任所传递的信号（主要是正面信号）的感知越来越强烈，向企业提供资源的意愿上升，此时企业社会责任产生的收益高于成本，社会责任对企业价值的影响表现为正向作用。然而随着企业社会责任的大量投入，一方面企业社会责任的显性成本和隐性成本都不断提高，另一方面利益相关者能够提供给企业的资源是有限的，而且他们对于企业社会责任的反应也会逐渐从正面转为负面，因为过度地投入社会责任会传递出企业闲置资源过多、代理问题严重的负面信号，受这两方面的共同影响企业社会责任对企业价值的增值作用开始逐渐减弱。当企业社会责任超过某个临界水平后仍持续投入，从事社会责任产生的成本就会超过其带来的收益，企业价值反而会因为社会责任过多而下降。在企业社会责任产生的收益正好等于成本的临界点上，企业价值达到最大，即为最理想的企业社会责任水平。因此，企业承担适当的企业社会责任有助于企业价值的最大化，不愿意投入社会责任或者过度投入社会责任的状态下企业价值反而相对较低。由以上分析可知，企业社会责任与企业价值的关系呈现出"正相关→负相关"的倒 U 形关系，这意味着进行适度的企业社会责任有助于企业价值最大化。据此，提出如下假设：

假设 3-1：企业社会责任投入与企业价值存在倒 U 形的非线性关系，即相对于适度的企业社会责任投入，投入过低或者过高企业社会责任的企业价值都较低。

二、研究设计

（一）样本选择和数据来源

本节选取 2009～2016 年在沪深 A 股上市的公司为初始样本。具体按照以下标准进行样本筛选：①剔除金融类上市公司样本；②删除同时在 B 股或 H 股上市的样本；③剔除 ST 和 *ST 上市公司样本；④剔除总资产负债率小于 0 或大于 1 的上市公司样本；⑤剔除企业社会责任额小于 0 的上市公司样本；⑥剔除主要变量有缺失的上市公司样本。最终得到 8035 个有效样本。此外，为了避免极端值的影响，本节对连续变量在总样本上下 1% 的分位上进行缩尾处理。数据的来源具体如下：基本财务数据主要来源于 CSMAR 数据库内的公司研究系列数据库，企业社会责任数据来自 CSMAR 数据库的报表附注子库下的营业外收入或支出中的公益性捐赠一栏。

（二）变量选择

企业社会责任包括多个维度，其衡量方法一直是该研究领域的一个难点。特别是在中国，企业社会责任的推广相对较晚，再加上相关监管制度尚不够健全，使其衡量难度加大。目前，传统的慈善捐赠仍然是目前中国企业最主要也是最直观的履行社会责任的方式之一，是中国企业社会责任投入的主要构成部分。慈善捐赠是真金白银的付出，能够通过财务报告直接、公开地对外进行披露，而且受赠组织（如慈善机构、公益团体等）以及各种形式的媒体也会对其进行广泛宣传和监督，因此，利益相关者能够非常直接地感知到企业的捐赠行为（李四海等，2016），这也是目前多数中国企业选择慈善捐赠作为社会责任履行手段的主要方式之原因。本节借鉴李增福等（2016）、李四海等（2015）和权小锋等（2015）的做法，采用企业慈善捐赠刻画企业社会责任行为。具体而言，社会责任投入水平（CSR）

采用企业慈善捐赠额与资产总额之比来衡量，为了便于研究放大 100 倍。社会责任意愿（dumy_ CSR）为虚拟变量，若企业当期参与了慈善捐赠取值为 1，否则取值为 0。

企业价值采用托宾 Q 值（tobinq）来衡量。托宾 Q 值的计算方法为年末流通股市值、非流通股份占净资产的金额、长期负债以及短期负债之和除以总资产。借鉴 Gompers 等（2003）的做法，本节还使用了修正后的托宾 Q（adj – tobinq）作为企业价值的另一个衡量指标，计算方法为企业托宾 Q 值减去其行业中值后的净值。

在控制变量方面：借鉴 Wang 等（2008）的做法，本章选择企业冗余资源（slack）和行业社会责任投入水平（indu_ CSR）加入模型。研究发现，企业的冗余资源的数量是影响企业社会责任的重要因素（Buckholtz 等，1999；Seifert 等，2004）。冗余资源是一种能够帮助企业缓冲内外部环境压力的潜在资源，资源越多企业履行社会责任的意愿和能力越强（Bourgeois，1981）。借鉴贾兴平和刘益（2014）的做法，取流动比率、费用收入比率和资产负债率的均值来衡量。一个企业的社会责任投入行为会受到其同行业企业社会责任投入水平的影响，同行业社会责任投入水平越高，企业往往越倾向于履行社会责任（Wang 等，2008）。行业社会责任投入水平采用行业内企业慈善捐赠水平的均值来衡量。其余控制变量如下：公司规模（size）、财务杠杆（lev）、股权集中度（shrcr1）、股权制衡（indexZ）、资产报酬率（roa）、固定资产比例（ppe）、存货比例（inv）以及公司产权性质（soe）等公司治理以及股权结构变量。具体定义如表 3 – 1 所示。

（三）模型设定

基本模型构建如下：

$$tobinq_{i,t} = \alpha_0 + \alpha_1 CSR_{i,t} + \alpha_2 CSR_{i,t}^2 + \beta X + \sum industry + \sum year + \varepsilon_{i,t} \quad (3-1)$$

表 3 – 1　变量定义

变量名称	变量符号	变量说明
是否从事社会责任	dumy_ CSR	虚拟变量，若企业参与社会责任取 1，否则取 0
社会责任投入水平	CSR	社会责任支出/资产总额 × 100
托宾 Q 值	tobinq	（年末流通股市值 + 非流通股份占净资产的金额 + 长期负债合计 + 短期负债合计）/总资产
修正后的托宾 Q 值	adj – tobinq	采用托宾 Q 值减去其行业中位数后的净值衡量
冗余资源	slack	流动比率、费用收入比率和资产负债率的平均值
行业社会责任投入水平	indu_ CSR	取行业内企业社会责任投入的均值
固定资产比例	ppe	固定资产/总资产
公司规模	size	公司总资产的自然对数
存货比例	inv	存货总额/总资产
财务杠杆	lev	总负责/总资产
产权性质	soe	虚拟变量，若最终控制人性质为国有企业取 1，否则取 0
资产报酬率	roa	利润总额/总资产
股权集中度	shrcr1	公司第一大流通股股东持股比例
股权制衡度	indexZ	公司第一大流通股股东与第二大流通股股东持股比例的比值

　　如果企业社会责任投入与企业价值存在倒 U 形关系，预期企业社会责任投入（CSR）的回归系数为正，其二次项系数（CSR^2）为负。

　　由于进行社会责任投入的企业只是一部分样本公司，如果只是简单地将没有进行社会责任投入的公司从样本中删除，将会导致回归结果产生选择性偏误。因为只有当企业社会责任投入是一种随机的行为时，删除没有社会责任投入的企业才不会造成回归结果的偏误。事实上，企业履行社会责任未必是一种随机行为。企业从事社会责任投入更可能是受自身或者外部环境影响的结果，比如相比资金紧张的企业，资金充裕的企业更可能从事社会责任。相比业绩差的企业，业绩好的企业更可能进行社会责任。因此，简单地将那些没有社会责任的企业删除，只对有社会责任的企业进行回归实际上是采用了自选择样本（Self – selection Sample），基于这种样本进行 OLS 估计的结果是有偏的。为了解决样本选择性偏误的问题（Sample Selection Bias），Heckman（1979）提出了 Heckman 两阶段模型。该模型包含两个阶段：第一阶段构建 Probit 模型即为选择模型，基于全样本估计样本选择的概率，在这一阶段中计算出逆米尔斯比率（Inverse Mills Ratio）；在第二阶段回归中，将逆米尔斯比率加入研究模型，再基于自选择样本进行回归，从而修正样本选择性偏误所带来的问题。

本节采用 Heckman 两阶段模型对企业社会责任投入水平与企业价值的关系进行分析。Heckman 第一阶段模型是企业选择社会责任的 Probit 模型，即基于全样本考察企业是否进行社会责任；第二阶段是 OLS 回归模型，即基于有社会责任的企业样本考察企业社会责任投入水平与企业价值间的关系。Heckman 第一阶段的 Probit 选择模型如下：

$$Pr(dum\_CSR_{i,t}) = \phi(\alpha Z) \tag{3-2}$$

其中，dum_CSR 为企业是否进行社会责任的虚拟变量，企业从事社会责任取 1，否则取 0。Pr（dum_CSR）为企业选择社会责任的概率，Z 为影响企业是否选择从事社会责任的一组因素向量。

Heckman 第二阶段模型如下：

$$tobinq_{i,t} = \alpha_0 + \alpha_1 CSR_{i,t} + \alpha_2 CSR_{i,t}^2 + \alpha_3 \lambda + \beta X + \sum industry + \sum year + \varepsilon_{i,t}$$

$$\tag{3-3}$$

其中，tobinq 为企业价值，CSR 为企业社会责任水平，X 为影响企业社会责任水平的一组因素向量，该模型中加入了通过第一阶段模型（3 – 1）计算得到的逆米尔斯比率 λ，从而修正样本选择性偏误问题。如果 λ 的回归系数在统计上显著，就表明样本选择的偏误是存在的，采用 Heckman 模型是合理的。

（四）变量描述性统计

表 3-2 是对模型所涉及的所有变量的描述性统计。社会责任的虚拟变量 dumy_ CSR 的均值为 0.564，说明样本公司中 56.4% 的企业进行了捐赠，捐赠企业的比例超过一半，这意味着多数企业愿意并从事了社会责任，符合现在越来越多的企业重视社会责任的现实。社会责任投入水平 CSR 的均值为 0.024，高于中值 0.001，说明整体上企业社会责任水平在不断提高。企业价值 tobinq 和 adj_ tobinq 的标准差分别为 1.669 和 1.447，都偏大，表明我国上市公司间以及行业间的企业价值差异较大。冗余资源 slack 的均值为 1.862，标准差为 1.369，表明我国上市公司间冗余资源的差异较大。行业社会责任水平 indu_ CSR 的标准差为 0.009，而企业社会责任水平标准差为 0.102，说明行业间的社会责任水平比企业间的社会责任水平差异小一些。其他变量方面：财务杠杆（lev）的均值与中值分别为 0.483 和 0.488，说明样本公司的财务杠杆大概控制在 50% 左右，比较合理；股权集中度（shrcr1）的均值为 35.040，说明样本公司第一大股东持股比例的均值为 35.04%，符合中国上市公司股权结构较为集中的特点；股权制衡（indexZ）指数均值达到 14.820，进一步说明在中国上市公司股权高度集中的结构特征下股权制衡也非常弱；产权性质（soe）的均值为 0.352，说明样本公司中国有企业占比为 35.2%。

表 3-2　描述性统计

变量	观测值	均值	中值	标准差	最小值	最大值
dumy_ CSR	8035	0.564	1.000	0.496	0.000	1.000
CSR	8035	0.024	0.001	0.102	0.000	2.034
tobinq	8035	2.311	1.820	1.669	0.417	6.587
adj - tobinq	8035	0.000	-0.323	1.477	-3.923	5.480

续表

变量	观测值	均值	中值	标准差	最小值	最大值
slack	8035	1.862	1.418	1.369	0.477	5.981
indu_CSR	8035	0.003	0.000	0.009	0.000	0.181
lev	8035	0.483	0.488	0.204	0.122	0.835
ppe	8035	0.229	0.199	0.162	0.009	0.566
size	8035	22.030	21.940	1.127	20.160	24.260
inv	8035	0.168	0.128	0.148	0.004	0.578
soe	8035	0.352	0.000	0.478	0.000	1.000
roa	8035	0.046	0.042	0.046	−0.046	0.141
shrcr1	8035	35.040	33.080	15.470	0.286	89.090
indexZ	8035	14.820	4.848	33.130	1.000	1080.000

主要变量 Pearson 相关系数分析如表 3 – 3 所示。结果显示：企业社会责任投入（CSR）与企业价值（tobinq）显著正相关，初步说明企业提高社会责任投入有助于提高企业价值；企业社会责任投入变量（CSR）与修正后的托宾 Q（adj – tobinq）显著正相关，进一步说明企业社会责任对于企业价值的促进作用；冗余资源 slack 与企业社会责任投入（CSR）显著正相关，说明企业的冗余资源越多越会加大社会责任投入水平，印证了 Bourgeois（1981）的观点，资源越多企业履行社会责任的意愿和能力越强；企业财务杠杆（lev）与企业社会责任投入变量 CSR 显著负相关，说明负债率较高的企业较少从事企业社会责任；公司规模（size）与社会责任投入（CSR）显著正相关，说明规模大的企业越积极从事企业社会责任；产权性质（soe）与社会责任投入（CSR）显著正相关，说明在我国国有企业比私有企业更积极承担社会责任；企业资产报酬率（roa）与社会责任投入（CSR）显著正相关，初步说明企业社会责任投入有利于企业短期绩效的提升；两权分离程度（indexZ）与社会责任投入（CSR）负相关，说明一股独大不利于促进

表 3 – 3　主要变量 Pearson 相关系数

Variables	CSR	tobinq	adj – tobinq	slack	indu_ CSR	lev	ppe	size	inv	soe	roa	shrcr1	indexZ
CSR	1												
tobinq	0.051***	1											
adj – tobinq	0.019*	-0.023*	1										
slack	0.0170*	0.040***	-0.167***	1									
indu_ CSR	0.160***	-0.038***	-0.028**	-0.095***	1								
lev	-0.098***	0.024*	-0.034	0.055***	-0.159***	1							
ppe	0.019*	0.108***	0.221***	0.484***	0.268***	0.425***	1						
size	0.067***	0.005	-0.013	-0.006	0.026*	-0.037***	0.007	1					
inv	-0.020	0.002	-0.032**	-0.013	-0.007	-0.015	-0.009	0.765***	1				
soe	0.305***	0.042***	0.083***	0.173***	-0.166***	0.149***	0.133***	-0.181***	-0.081***	1			
roa	0.396***	0.050***	-0.016	0.085***	-0.141***	0.072***	0.023*	-0.049***	-0.032***	0.237***	1		
shrcr1	0.386***	0.007	0.007	0.018	-0.189***	0.050***	-0.059***	-0.048***	-0.010	0.108***	0.354***	1	
indexZ	-0.018	0.010	-0.032**	-0.010	-0.024*	-0.007	-0.012	0.716***	0.921***	-0.085***	0.010	0.013	1

注：*、**和***分别表示在 10%，5% 和 1% 的水平上显著。

企业从事社会责任。此外，所有变量回归系数都在正常范围，说明变量设置无明显技术问题。

三、实证结果分析

表3-4为首先使用OLS回归得到的结果。第（1）列报告了基本控制变量对企业社会责任投入的影响，具体包括：冗余资源（slack）、行业社会责任投入水平（indu_ CSR）、固定资产比率（ppe）、公司规模（size）、存货比例（inv）、财务杠杆（lev）、产权性质（soe）、资产报酬率（roa）、股权集中度（shrcr1）、股权制衡度（indexZ）。其中，固定资产比率回归系数显著为正，说明企业固定资产越多企业价值越高；企业规模回归系数显著为负，说明规模大的企业相比规模小的企业价值要低一些；产权性质的回归系数显著为负，说明相比国有企业，私有企业的价值要更高一些；其余控制变量，资产报酬率显著为正，流动资产比例显著为正，股权制衡度显著为负也都与预期相符。在第（2）列中，我们把社会责任投入水平CSR加入到模型中，以检验其对企业价值的线性影响。结果表明，社会责任投入水平的系数为正（1.1603，$p < 0.01$），表明社会责任投入的增加有助于企业价值的提高。在第（3）列中，添加了社会责任投入水平的二次项，以检验社会责任投入水平与企业价值之间是否存在倒U形关系。社会责任投入水平CSR的回归系数为正且非常显著（2.2172，$p < 0.01$），但是其二次项CSR^2上的系数为负且显著（ -0.7336，$p < 0.01$）。企业社会责任投入水平的正系数和其二次项的负系数表明企业社会责任投入水平与企业价值之间的关系是倒U形的。转折点为1.7411，这意味着最优的社会责任水平约占总资产的1.74%。与第（2）列相比，第（3）列的R^2较大（分别为0.1721和0.1731），这进一步证明了企业社会责任投入水平的二次项对解释

模型发挥了作用。这些回归结果支持了假设，证明社会责任投入水平与企业价值之间存在倒 U 形曲线关系，即选择合理的社会责任投入水平有助于企业价值最大化。第（3）列显示了全样本估算的结果。第（4）列报告了基于从事过社会责任的企业样本的回归结果。社会责任投入水平的系数显著为正（2.7100，p < 0.01），其二次项 CSR^2 系数为负且显著（-0.7336，p < 0.01），这些结果表明企业社会责任投入与企业价值之间的关系呈倒 U 形。转折点是 1.8470，这意味着 1.85% 是最优的企业社会责任投入水平。这些结果也支持假设。

表 3-4 最优社会责任投入存在的证据：OLS 回归结果

变量	tobinq (1)	tobinq (2)	tobinq (3)	tobinq (4)
CSR	—	1.1603 *** (13.7071)	2.2172 *** (7.6306)	2.7100 *** (10.7166)
CSR^2	—	—	-0.6367 *** (-3.3321)	-0.7336 *** (-6.3237)
lev	-0.0276 (-1.2336)	-0.0273 (-1.2366)	-0.0276 (-1.2631)	-0.1222 (-1.2663)
ppe	0.6020 *** (3.1033)	0.6731 *** (3.6760)	0.6076 *** (3.7773)	0.6262 *** (3.6177)
size	-0.0177 (-0.7727)	-0.0737 *** (-3.1236)	-0.0762 *** (-3.6373)	-0.1217 *** (-3.0716)
soe	-0.6726 *** (-16.1771)	-0.6663 *** (-16.0662)	-0.6600 *** (-16.1360)	-0.6016 *** (-11.2006)
roa	0.6760 *** (7.6763)	0.6616 *** (7.3636)	0.6661 *** (7.6673)	0.6771 *** (6.7073)
shrcr1	-0.1707 (-1.1377)	-0.0710 (-0.6211)	-0.0616 (-0.3600)	-0.2062 (-1.0612)

续表

变量	tobinq (1)	tobinq (2)	tobinq (3)	tobinq (4)
inv	0.1266 **	0.1231 **	0.1217 **	0.0663
	(2.3276)	(2.3136)	(2.2616)	(0.7303)
indexZ	−1.3633 ***	−1.3203 ***	−1.3137 ***	−1.0717 ***
	(−11.2123)	(−10.7077)	(−10.7671)	(−6.7617)
截距项	6.6207 ***	6.6630 ***	6.6610 ***	6.6663 ***
	(13.0711)	(16.2006)	(16.6366)	(11.0626)
Industry/Year	YES	YES	YES	YES
N	8035	8035	8035	4529
Adj. R^2	0.1613	0.1721	0.1731	0.2021
F	70.77	77.71	73.67	61.67

注：括号内为基于稳健标准误修正后的 t 值；＊、＊＊和＊＊＊分别表示在10%、5%和1%的水平上显著。

表3－5为 Heckman 第一阶段选择模型的回归结果，即对企业是否选择投入社会责任的 Probit 模型回归结果。第（1）列为只包括公司冗余资源（slack）和公司基本面变量的基准模型，第（2）列在第（1）列的基础上加入了行业社会责任水平（indu_ CSR）。从第（1）列中可以看到，冗余资源（slack）系数显著为正（系数为0.034，显著性水平为5%），这说明冗余资源（slack）越多的企业，越倾向于进行社会责任，符合预期。在第（2）列中，冗余资源（slack）系数依然显著为正，且显著性水平提高（系数为0.035，显著性水平为1%），行业社会责任水平（indu_ CSR）系数显著为正（系数为14.34，显著性水平为1%），说明企业所在行业的社会责任水平越高，越倾向于进行社会责任。通过似然比检验（LRtest）比较第（1）列与第（2）列，可以看出第（2）列的模型更合适（χ^2_ change 为22.94，p＜0.001），因此，将冗余资源（slack）与行业社会责任水平（Indu_ CSR）都放入第一阶段的选择模型，并计算出逆米尔斯比率 λ 用于 Heckman 第二阶段模型的回归估计。

表 3-5　最优社会责任投入存在的证据：Heckman 模型的第一阶段回归结果

变量	dumy_ CSR (1)	dumy_ CSR (2)
slack	0.034 ** (2.550)	0.035 *** (2.639)
indu_ CSR	—	14.34 *** (3.579)
lev	-0.162 *** (-3.424)	-0.158 *** (-3.323)
ppe	-0.068 (-0.691)	-0.061 (-0.624)
size	0.206 *** (15.370)	0.206 *** (15.350)
inv	0.221 ** (2.229)	0.224 ** (2.256)
soe	0.469 *** (14.510)	0.468 *** (14.440)
shrcr1	-0.001 (-1.315)	-0.001 (-1.244)
indexZ	-0.001 ** (-2.238)	-0.001 ** (-2.289)
截距项	-4.079 *** (-13.000)	-4.202 *** (-13.290)
Industry/Year	控制	控制
N	8035	8035
Log likelihood	-5120.3954	-5108.9274
Deviance （χ^2_ change）	—	22.94 ***

注：括号内为 z 值；*、** 和 *** 分别表示在 10%、5% 和 1% 的水平上显著。

表3－6为Heckman第二阶段回归结果，检验社会责任投入水平与企业价值的关系。为了使结果更加稳健，分别采用托宾Q值（tobinq）和修正后的托宾Q值（adj_ tobinq）作为因变量进行第二阶段回归。其中第（1）列和第（2）列采用托宾Q值（tobinq）作为因变量的回归结果，在第（1）列中除控制变量外只有企业社会责任投入水平变量（CSR），该变量系数显著为正（系数为3.526，在1%的水平上显著），说明企业社会责任投入水平的提高有助于企业价值的上升，在第（2）列中进一步加入企业社会责任投入水平的二次项CSR^2，该变量系数显著为负（系数为－11.24，在1%的水平上显著），这说明企业社会责任投入水平与企业价值呈倒U形关系，即随着社会责任投入水平的提高，企业价值先上升，当达到最大值后开始下降。该结论说明：相对于适度的企业社会责任投入，投入过低或者过高社会责任的企业价值较低，假设得到验证。倒U形的转折点为0.3540，这意味着0.354%是比较合理的企业社会责任投入水平。为了使结论更加稳健，第（3）列和第（4）列为采用修正后的托宾Q（adj_ tobinq）作为因变量的回归结果，第（3）列中企业社会责任投入水平变量（CSR）系数显著为正（系数为3.077，在1%的水平上显著），第（4）列中进一步加入社会责任投入水平的二次项CSR^2系数显著为负（系数为－10.17，在1%的水平上显著），与采用托宾Q值（tobinq）作为因变量的回归结果完全一致，验证了假设3－1。倒U形的转折点为0.3484，这意味着0.3484%是比较合理的企业社会责任投入水平。在所有回归结果中逆米尔斯比率λ的系数全部显著，说明Heckman模型较好地克服了样本自选择偏误问题，选择该模型是合适的。

表 3-6 最优社会责任投入存在的证据：Heckman 模型的第二阶段回归结果

变量	tobinq (1)	tobinq (2)	adj_ tobinq (3)	adj_ tobinq (4)
CSR	3. 526 *** (18. 830)	7. 958 *** (10. 951)	3. 077 *** (18. 550)	7. 087 *** (11. 020)
CSR^2	—	− 11. 24 *** (− 6. 312)	—	− 10. 17 *** (− 6. 450)
λ	0. 582 *** (3. 742)	0. 625 *** (4. 032)	0. 197 * (1. 832)	0. 236 * (1. 720)
lev	− 0. 118 (− 0. 872)	− 0. 135 (− 1. 003)	0. 091 (0. 765)	0. 076 (0. 639)
ppe	0. 458 *** (2. 826)	0. 450 *** (2. 791)	0. 479 *** (3. 339)	0. 473 *** (3. 306)
size	− 0. 064 ** (− 2. 411)	− 0. 076 *** (− 2. 897)	− 0. 114 *** (− 4. 886)	− 0. 126 *** (− 5. 387)
inv	− 0. 118 (− 0. 646)	− 0. 148 (− 0. 814)	0. 210 (1. 294)	0. 183 (1. 131)
soe	− 0. 415 *** (− 6. 747)	− 0. 390 *** (− 6. 348)	− 0. 441 *** (− 8. 103)	− 0. 418 *** (− 7. 699)
roa	11. 29 *** (23. 120)	11. 40 *** (23. 430)	9. 527 *** (22. 030)	9. 628 *** (22. 350)
shrcr1	− 0. 002 (− 1. 030)	− 0. 002 (− 1. 171)	− 0. 002 (− 1. 268)	− 0. 002 (− 1. 414)
indexZ	− 0. 002 (− 1. 111)	− 0. 001 (− 0. 728)	− 0. 001 (− 0. 387)	0. 000 (0. 006)
截距项	2. 683 *** (4. 420)	2. 836 *** (4. 688)	1. 708 *** (3. 177)	1. 846 *** (3. 447)
Industry/Year	控制	控制	控制	控制
N	4529	4529	4529	4529
Adj. R^2	0. 203	0. 210	0. 196	0. 203
F	114. 9	108. 9	110. 1	104. 8

注：括号内为基于稳健标准误修正后的 t 值；* 、** 和 *** 分别表示在 10% 、5% 和 1% 的水平上显著。

四、内生性检验

为了进一步控制内生性，本节还使用两阶段最小二乘法（2SLS）检验假设，以确保企业社会责任投入 CSR 的系数以及与其相关的其他系数衡量了企业社会责任投入对企业价值的真实影响。积极从事社会责任、增加社会责任投入有助于促进企业价值的提高，但是企业价值反过来也会影响社会责任。因为承担社会责任需要一定的经济实力，通常企业只有满足了正常的经营与发展需求后才有能力去履行社会责任。因此，两者可能存在互为因果的内生问题。本节借鉴 Jayaraman 和 Milbourn（2012）的方法，将滞后一期的企业社会责任投入水平（L. CSR）和企业冗余资源（slack）作为与变量 CSR 相关，但与模型（3 - 1）中的误差项无关的工具变量，通过二阶段最小二乘法（2SLS）来控制内生性。将企业社会责任投入的滞后一期作为工具变量的使用有助于缓解第 t 年中不可观察的因素对企业社会责任投入和企业价值关系的干扰（Fang 等，2009）。企业冗余资源的规模是其社会责任投入的重要决定因素，但与影响企业价值的不可观察因素之间的相关性较小（Wang 等，2008；Seifert 等，2004）。因此，选择这两个变量作为工具变量是比较合理的。具体在第一阶段回归中，使用工具变量 L. CSR 和 slack 拟合出 Fit_ CSR 和 Fit_ CSR^2。在第二阶段中，采用拟合值 Fit_ CSR 和 Fit_ CSR^2 进行回归。

第一阶段的估计结果如表 3 - 7 所示。由表 3 - 7 可知，工具变量与 CSR 相关度很高，初步说明工具变量的选择是比较理想的。两阶段最小二乘法（2SLS）回归结果的第二阶段结果如表 3 - 8 所示。结果与表 3 - 4 中显示的 OLS 估计的结果一致。在表 3 - 8 的第（1）列中，Fit_ CSR 的系数为正且显著（4.5327，$p < 0.01$）。二次项 Fit_ CSR^2 的系数为负且显著（ - 1.7634，

p < 0.01）。Fit_ CSR 的正系数和 Fit_ CSR^2 的负系数表示企业社会责任投入与企业价值之间的关系呈倒 U 形。转折点为 1.2852，这意味着对企业而言合理的社会责任投入水平为 1.29%。这些结果支持了假设。表 3 – 8 的第（2）列的回归结果样本仅限于从事了社会责任投入的公司。Fit_ CSR 系数为正且显著（5.2659，p < 0.01）；Fit_ CSR^2 的系数为负且显著（– 2.1855，p < 0.01）。结果表明，企业社会责任投入与企业价值之间的关系是倒 U 形，转折点为 1.2047，这意味着 1.20% 是比较合理的企业社会责任投入水平。该结果也支持了假设。此外，表 3 – 8 的第（1）列和第（2）列的 Cragg – Donald Wald F 统计量分别为 210.867 和 117.307。这表明不存在弱工具变量的问题（Stock 和 Yogo，2005）。Sargan 检验过度识别限制表明工具是有效的（表 3 – 8 的第（1）列中的 p = 0.1204，第（2）列中的 p = 0.1959）。由表 3 – 7 和表 3 – 8 的结果可以看出，在引入了工具变量采用两阶段最小二乘法（2SLS）之后，结论依然支持假设，即对企业而言存在有助于企业价值最大化的最优社会责任投入水平。

表 3 – 7 最优社会责任投入存在的证据：二阶段回归（2SLS）的第一阶段回归结果

Variables	CSR (1)	CSR^2 (2)	CSR (3)	CSR^2 (4)
L. CSR	0.7368 *** (24.6584)	0.4960 *** (8.7552)	0.7228 *** (17.7351)	0.5057 *** (6.4384)
L. CSR^2	– 0.1118 *** (– 6.8939)	0.2022 *** (6.5768)	– 0.0961 *** (– 4.4369)	0.2184 *** (5.2362)
slack	0.0036 * (1.8795)	0.0071 * (1.9491)	0.0046 (1.4045)	0.0090 (1.4234)
$slack^2$	– 0.0002 ** (– 2.3478)	– 0.0003 *** (– 2.6682)	– 0.0002 * (– 1.8441)	– 0.0004 ** (– 2.0256)

续表

Variables	CSR (1)	CSR² (2)	CSR (3)	CSR² (4)
slack × L. CSR	0.0430 ***	0.0862 ***	0.0379 ***	0.0778 ***
	(9.0839)	(9.6038)	(6.2115)	(6.6144)
lev	−0.0002	−0.0004	−0.0186	−0.0323
	(−0.0718)	(−0.0850)	(−1.2832)	(−1.1576)
ppe	−0.0335 *	−0.0389	−0.0373	−0.0412
	(−1.9524)	(−1.1978)	(−1.2278)	(−0.7044)
size	0.0166 ***	0.0193 ***	0.0299 ***	0.0372 ***
	(7.0535)	(4.3145)	(6.8073)	(4.3978)
soe	−0.0122 **	−0.0257 **	−0.0278 ***	−0.0430 **
	(−2.1415)	(−2.3776)	(−3.0797)	(−2.4684)
roa	−0.1620 ***	−0.2451 ***	−0.2385 ***	−0.3600 ***
	(−5.0589)	(−4.0367)	(−4.8720)	(−3.8159)
shrcr1	−0.0164	−0.0241	−0.0233	−0.0347
	(−0.9356)	(−0.7243)	(−0.8118)	(−0.6284)
indexZ	−0.0006	−0.0059	−0.0027	−0.0123
	(−0.1031)	(−0.5134)	(−0.2710)	(−0.6415)
inv	0.0163	0.0337	0.0024	0.0289
	(1.2014)	(1.3058)	(0.1078)	(0.6683)
截距项	−0.3650 ***	−0.4545 ***	−0.5813 ***	−0.7893 ***
	(−6.0998)	(−4.0061)	(−5.3682)	(−3.7827)
Industry/Year	控制	控制	控制	控制
N	6150	6150	3648	3648
Adj. R²	0.4786	0.3836	0.4813	0.3904
F	281.2	190.7	168.3	116.1

注：括号内为基于稳健标准误修正后的 t 值；*、** 和 *** 分别表示在 10%、5% 和 1% 的水平上显著。

表3-8 最优社会责任投入存在的证据：二阶段回归（2SLS）的第二阶段回归结果

Variables	tobin q (1)	tobin q (2)
Fit_ CSR	4. 5327 *** (7. 0604)	5. 2659 *** (7. 7305)
Fit_ CSR^2	- 1. 7634 *** (- 4. 3855)	- 2. 1855 *** (- 5. 2939)
lev	- 0. 0267 (- 1. 0318)	- 0. 1672 * (- 1. 7163)
ppe	0. 6812 *** (4. 3172)	0. 6043 *** (2. 8521)
size	- 0. 1380 *** (- 5. 9861)	- 0. 1768 *** (- 5. 3104)
soe	- 0. 6837 *** (- 12. 4950)	- 0. 6123 *** (- 9. 2523)
roa	5. 1643 *** (16. 7417)	4. 8140 *** (13. 3866)
shrcr1	- 0. 1352 (- 0. 8071)	- 0. 1847 (- 0. 8890)
indexZ	0. 0794 (1. 3718)	0. 0074 (0. 1027)
inv	- 1. 2733 *** (- 9. 7678)	- 0. 8898 *** (- 5. 4255)
截距项	8. 1244 *** (14. 3077)	7. 9759 *** (10. 2511)
Industry/Year	YES	YES
N	6150	3648
Adj. R^2	0. 2000	0. 2178
F	92. 20	57. 24
Cragg – Donald Wald F	210. 867	117. 307
Sargan test （p – value）	0. 1204	0. 1959

注：括号内为基于稳健标准误修正后的 z 值；*、**和***分别表示在10%、5%和1%的水平上显著。

五、研究结论

本节以 2009～2016 年沪深 A 股上市公司为初始样本，通过 Heckman 模型论证企业是否存在最优社会责任投入。研究发现：随着企业社会责任投入水平的增长，企业价值先不断增长，当企业社会责任投入达到一定水平后，企业价值开始随着社会责任投入水平的上升而下降，即呈现倒 U 形的非线性关系。这说明企业不去从事社会责任或者过度从事社会责任均不可取，都不利于企业价值的提升，而选择承担适度的企业社会责任有助于企业价值的最大化，这是一种经过仔细权衡的行为。进一步采用 2SLS 两阶段回归模型进行内生性检验，结论依然不变。

本节的启示在于：首先，投入企业社会责任并不是只会单纯为企业带来成本，而是成本与收益共存，这需要企业谨慎地权衡企业社会责任投入的成本与收益，选择最佳的投入水平；其次，有助于鼓励企业积极从事社会责任，并为企业提供有用的决策思路；最后，以往对于企业社会责任与企业价值关系的探讨多为线性关系，本节发现两者是倒 U 形的非线性关系，丰富了相关领域的研究。

第二节　企业对社会责任投入进行
动态调整的证据

一、理论分析与假设提出

在确定了合适的社会责任投入水平之后，企业将尽力以此为目标调整实际投入水平，整个调整过程是动态且持续的。企业要想通过社会责任获益并非一蹴而就的。因为利益相关者很难仅凭偶然性的几次社会责任行为就对企业产生正面评价（Fineman，1996；潘奇，2017）。企业社会责任对企业的增值作用需要企业持续且适度地进行才能发挥出来，因为只有这样才能使利益相关者对社会责任所传递出的正面信息有充分的感知。在这个过程中，企业一方面需及时把握住企业内外部环境的变化，另一方面还要能够对众多利益相关者不断变化的需求进行精确的识别和评估，从而据此制定出合理的企业社会责任决策（Seifert，2004；Clemens，2005）。企业社会责任的动态变化主要体现在两个方面。一方面，实际企业社会责任水平处于动态变化之中。即便企业的社会责任在某一时点上被调整至理想比例，随着时间推移还是不可避免地会发生偏离，为此企业需要对实际社会责任水平进行持续动态的调整，使之尽可能趋近于理想比例。另一方面，目标企业社会责任水平本身也处于动态变化之中。在实施具体的企业社会责任决策之前，先要确定目标企业社会责任水平，即有助于企业价值最大化的投入水平。由于企业内生于不断变化且日益复杂的经济环境之中，企业社会责任带来的收益和成本也随之变化，这使得目标企业社会责任水平的选择本身成为一个动态的过程。实际企业社会责任水平偏离目标比例的原因主要有两种。一种是由于调整成本的存在而发生的偏离。不论是通过追加投入来提高企业社会责任水平，还是通过将资源投入到其他传统经营项目来降低企业社会责任水平等，都属于企业的资源配置。由于交易成本、信息不对称、法制不健全或监管不足等原因的存在，使改变企业社会责任水平存在成本，即调整成本，因此，企业难以立刻调整企业社会责任水平至理想比例，而只能通过部分调整（Partial Adjustment）使之逐渐回归至理想比例。另一种是因为偶然性事件而发生偏离。企业可能因为一个偶然的投资机会（可能是新的企业社会责任投资机会，也可能是传统的投资机会）能够令企业大量获益或是其他原因，从而大幅度改变企业社会责任水平，使之暂时偏离理想比例。不论是何种原因造成的企业社会责任水平偏离，基于企业价值最大化目标，企业总会以理想比例为目标对实际投入水平进行动态调整。具体调整行为表现为：当实际企业社会责任水平偏离理想水平时，企业会调整实际企业社会责任水平至理想水平，但受企业内外部环境的各种因素影响，随着时间的推移，实际企业社会责任水平又会逐渐偏离理想水平，企业将再次调整企业社会责任水平，这个过程在企业中周而复始地循环，而且整个调整过程由于调整成本的存在不是一蹴而就的，而是通过持续不断的动态调整使企业社会责任水平逐渐回归至理想水平，调整速度越快意味着企业实际社会责任水平趋近于理想水平的速度越快，企业社会责任的资源配置效率越高，企业从企业社会责任中获益越多。简言之，企业通过"调整—偏离—再调整"的动态循环调整过程来实现对企业社会责任水平的控制与管理。据此，提出如下假设：

假设 3－2：企业会动态调整企业社会责任投入水平。

二、研究设计

（一）样本选择和数据来源

本节选取 2009～2016 年在沪深 A 股上市的公司为初始样本。具体按照以下标准进行样本筛选：①剔除金融类上市公司样本；②删除同时在 B 股或 H 股上市的样本；③剔除 ST 和 *ST 上市公司样本；④剔除总资产负债率小于 0 或大于 1 的上市公司样本；⑤剔除社会责任投入额小于 0 的上市公司样本；⑥剔除主要变量有缺失的上市公司样本。最终得到 8035 个有效样本，其中有社会责任的样本 4529 个，没有社会责任的样本 3506 个。此外，为了避免极端值的影响，本节对连续变量在总样本上下 1% 的分位上进行缩尾处理。数据的来源具体如下：基本财务数据主要来源于 CSMAR 数据库内的公司研究系列数据库，社会责任投入数据来自 CSMAR 数据库的报表附注子库下的营业外收入或支出中的公益性捐赠一栏。

（二）变量选择

本节借鉴李增福等（2016）、李四海等（2015）和权小锋等（2015）的做法，采用企业慈善捐赠刻画企业社会责任行为。具体而言，社会责任水平（CSR）采用企业慈善捐赠额与资产总额之比来衡量，为了便于研究放大 100 倍。采用慈善捐赠作为企业社会责任投入的替代变量的原因在于：首先，慈善捐赠是社会责任最原始也是最直接的表现形式，且普遍被公众所熟知；其次，相比欧美发达国家的企业，中国企业认识并主动履行社会责任的时间并不长，多数企业仍以慈善捐赠作为履行社会责任的主要方式；最后，从研究的角度来看，慈善捐赠是直接的资金支出，在财务报告上能直接获取，因此数据更加真实客观。

研究发现企业的冗余资源的数量是影响企业从事社会责任的重要因素（Buchholtz 等，1999；Seifert 等，2004）。冗余资源是一种能够帮助企业缓冲内外部环境压力的潜在资源，资源越多企业社会责任的意愿和能力越强（Bourgeois，1981）。借鉴贾兴平和刘益（2014）的做法，取流动比率、费用收入比率和资产负债率的均值来衡量。一个企业的社会责任行为会受到其同行业企业社会责任水平的影响，同行业社会责任水平越高，往往企业越倾向于履行社会责任（Wang 等，2008）。行业社会责任投入水平采用行业内企业社会责任投入水平的均值来衡量。其余控制变量如下：公司规模（size）、财务杠杆（lev）、股权集中度（shrcr1）、股权制衡度（indexZ）、资产报酬率（roa）、固定资产比率（ppe）、存货比例（inv）以及

公司产权性质（soe）等公司治理以及股权结构变量。具体定义如表 3 - 9
所示。

表 3 - 9　变量定义

变量名称	变量符号	变量说明
企业社会责任投入水平	CSR	社会责任支出/资产总额×100
冗余资源	slack	流动比率、费用收入比率和资产负债率的平均值
行业企业社会责任投入水平	indu_ CSR	取行业内企业社会责任水平的均值
固定资产比率	ppe	固定资产/总资产
公司规模	size	公司总资产的自然对数
存货比例	inv	存货总额/总资产
财务杠杆	lev	总负债/总资产
产权性质	soe	虚拟变量，若最终控制人性质为国有企业取 1，否则取 0
资产报酬率	roa	利润总额/总资产
股权集中度	shrcr1	公司第一大流通股股东持股比例
股权制衡度	indexZ	公司第一大流通股股东与第二大流通股股东持股比例的比值

（三）模型构建

企业基于目标社会责任水平动态调整实际社会责任投入水平，而这个
过程取决于企业本期与上期实际社会责任水平的变化幅度（$CSR_{i,t}$ -
$CSR_{i,t-1}$）与企业上期实际社会责任水平偏离目标社会责任水平的幅度
（$CSR_{i,t}^{*}$ - $CSR_{i,t-1}$）的比例，即（$CSR_{i,t}$ - $CSR_{i,t-1}$）／（$CSR_{i,t}^{*}$ - $CSR_{i,t-1}$），
这个比例越接近于 1，则表明调整后的社会责任水平越接近目标水平。本
节采用以下模型来刻画该动态调整行为，具体如下：

$$CSR_{i,t} - CSR_{i,t-1} = \delta(CSR_{i,t}^{*} - CSR_{i,t-1}) + \varepsilon_{i,t} \qquad (3-4)$$

其中，$CSR_{i,t}^{*}$ 为企业目标社会责任投入水平，由于目标水平不可观测，本节采用影响企业社会责任的因素，并控制公司基本面情况，拟合出公司目标社会责任投入水平。拟合目标社会责任投入水平的模型如下：

$$CSR_{i,t}^{*} = \hat{\alpha} + \hat{\beta}X \qquad\qquad (3-5)$$

将式（3-5）代入式（3-4），经整理得到式（3-6）。

$$CSR_{i,t} = (1-\delta)CSR_{i,t-1} + \beta\delta X + \varepsilon_{i,t} \qquad\qquad (3-6)$$

式（3-6）即为标准的局部调整模型（Partial Adjustment Model）[①]。本节主要运用该模型刻画企业社会责任的动态调整过程，估计出企业社会责任动态调整速度，同时间接验证企业是否存在目标社会责任水平。式（3-6）的含义为企业会基于自身需要缩小实际社会责任水平与目标社会责任水平的距离（$CSR_{i,t}^{*} - CSR_{i,t-1}$），实际调整的距离为（$CSR_{i,t} - CSR_{i,t-1}$）。系数 δ 代表调整速度，该数值越大表明调整速度越快。如果 $\delta = 1$ 说明企业的实际社会责任水平 $CSR_{i,t}$ 与目标社会责任水平 $CSR_{i,t}^{*}$ 完全一致，$CSR_{i,t}^{*} - CSR_{i,t-1} = CSR_{i,t} - CSR_{i,t-1}$，即企业对实际社会责任水平实施了完全调整，其实际社会责任水平一直处于目标水平状态；如果 $\delta = 0$ 说明企业没有对社会责任水平

---

① 关于局部调整模型（Partial Adjustment Model）：在一些经济活动中，为了适应解释变量的变化，会有被解释变量存在一个预期的最佳值与之对应的现象，即解释变量的当期值影响着被解释变量的预期值。

$$Y_t^{*} = \alpha + \beta X_t + \mu_t$$

其中，Y_t^{*} 为被解释变量的预期最优值；X_t 为解释变量的当期值。由于内外部各种因素的制约，被解释变量的预期水平在单一周期内一般不会完全实现，只能得到局部调整。局部调整假设认为，被解释变量的实际变化仅是预期变化的一部分，即：

$$Y_{i,t} - Y_{i,t-1} = \delta(Y_{i,t}^{*} - Y_{i,t-1})$$

其中，δ 为调整系数，取值区间为 $0 \sim 1$，越接近 1，表明调整到与最优水平的速度越快。该局部调整模型也可以变形为如下方程：

$$Y_{i,t} = (1-\delta)Y_{i,t-1} + \delta Y_t^{*}$$

即被解释变量实际值为本期预期最优值与前一期实际值的加权和，权数分别为 δ 和 $1-\delta$。最终局部调整模型可呈现如下：

$$Y_{i,t} = (1-\delta)Y_{i,t-1} + \beta\delta X + \varepsilon_{i,t}$$

进行过任何调整，实际社会责任水平处于随机游走状态；如果 $0 < \delta < 1$ 说明企业当期对实际社会责任水平进行了动态调整，实际社会责任水平以一定的调整速度趋近于目标水平。

用该模型检验企业社会责任投入动态调整有三点含义：第一，企业的实际社会责任投入水平始终趋向于目标社会责任投入水平；第二，公司特征 X 对于企业社会责任投入水平的影响，即回归系数被 δ 分割；第三，企业社会责任动态调整速度以 δ 衡量。在估计方法上，如果用 OLS 估计会导致估计结果产生偏误，因为模型中含有被解释变量的滞后项会和误差项有相关性。因此，本节参照（Arellano，1991）以及（Blundell，1998）提出的动态面板广义矩估计（Generalized Method of Moment，GMM）对式（3 – 6）进行估计。由于动态面板模型的解释变量中有因变量的滞后项，不可避免地存在内生性问题，如果用传统的估计方法，结果会产生一定的偏误。因此，相比其他方法，GMM 更适合动态面板数据的估计。

（四）变量描述性统计

表 3 – 10 是对模型所涉及的所有变量的描述性统计。企业社会责任投入水平（CSR）的均值为 0.024 高于中值 0.001，说明整体上企业社会责任水平在不断提高。行业社会责任水平（indu_CSR）的标准差为 0.009，而企业社会责任水平标准差为 0.102，说明行业间的社会责任水平比企业间的社会责任水平差异小一些。其他变量方面：财务杠杆（lev）的均值与中值分别为 0.483 和 0.488，说明样本公司的财务杠杆大概控制在 50% 左右比较合理；股权集中度（shrcr1）的均值为 35.040，说明样本公司第一大股东持股比例的均值为 35.04%，符合中国上市公司股权结构较为集中的特点；股权制衡（indexZ）指数均值达到 14.820，进一步说明在中国上市公司股权高度集中的结构特征下股权制衡非常弱；产权性质（soe）的均值为 0.352，

说明样本公司中国有企业占比 35.2%。

表 3 – 10　描述性统计

变量	观测值	均值	中值	标准差	最小值	最大值
CSR	8035	0.024	0.001	0.102	0.000	0.211
slack	8035	1.862	1.418	1.369	0.477	5.981
indu_ CSR	8035	0.003	0.000	0.009	0.000	0.181
lev	8035	0.483	0.488	0.204	0.122	0.835
ppe	8035	0.229	0.199	0.162	0.009	0.566
size	8035	22.030	21.940	1.127	20.160	24.260
inv	8035	0.168	0.128	0.148	0.004	0.578
soe	8035	0.352	0.000	0.478	0.000	1.000
roa	8035	0.046	0.042	0.046	− 0.046	0.141
shrcr1	8035	35.040	33.080	15.470	0.286	89.090
indexZ	8035	14.820	4.848	33.130	1.000	1080.000

三、实证结果分析

前一节已验证企业选择合适的社会责任投入水平有利于企业价值的增值。那么企业是否会动态地调整实际社会责任投入使之趋近于目标水平，从而更好地发挥企业社会责任对企业价值的促进作用。表 3 – 11 为采用不同估计方法对社会责任投入动态调整模型进行估计的结果，虽然在不同的估计方法下社会责任投入水平的滞后一期变量（L. CSR）的系数各不一样，即采用不同方法估计出来企业社会责任投入水平动态调整速度不一样，但是都在 1% 或 5% 的水平上显著为正，说明企业确实对社会责任投入水平进行了动态调整，并间接验证目标社会责任投入水平是存在的，支持了假设。

表 3-11　企业社会责任投入动态调整的实证结果

变量	OLS 模型 (1)	FE 模型 (2)	GMM-DIF 模型 (3)	GMM-SYS 模型 (4)
L. CSR	0.645*** (36.220)	0.170** (2.519)	0.243*** (11.170)	0.218*** (14.400)
lev	-0.034*** (-5.219)	-0.050*** (-4.083)	-0.052*** (-3.149)	-0.054*** (-3.305)
ppe	-0.016*** (-2.698)	-0.021 (-1.494)	-0.019 (-1.023)	-0.024 (-1.294)
size	0.011*** (10.250)	0.019*** (7.324)	0.021*** (5.371)	0.022*** (6.022)
inv	0.019*** (2.656)	0.037** (2.316)	0.053** (2.297)	0.056** (2.506)
soe	-0.005** (-2.370)	-0.010 (-0.676)	-0.014 (-1.170)	-0.007 (-0.574)
roa	-0.133*** (-6.096)	-0.155*** (-4.087)	-0.154*** (-3.939)	-0.149*** (-3.869)
shrcr1	0.000 (0.246)	0.000 (0.760)	0.000 (1.090)	0.000 (0.520)
indexZ	-0.000** (-2.286)	0.000 (1.242)	0.000 (0.345)	0.000 (0.593)
indu_ CSR	0.677*** (3.643)	0.667** (2.288)	0.868*** (5.122)	0.768*** (4.709)
slack	-0.002* (-1.880)	-0.003** (-2.043)	-0.003 (-1.294)	-0.003 (-1.570)
截距项	-0.195*** (-8.796)	-0.366*** (-6.232)	-0.364*** (-4.395)	-0.394*** (-4.946)
Industry/Year	控制	控制	控制	控制
N	6604	6604	5320	6604
Adj. R^2	0.496	0.051	—	—
F/Wald	122.4	7.770	0.000	0.000

续表

变量	OLS 模型	FE 模型	GMM – DIF 模型	GMM – SYS 模型
	(1)	(2)	(3)	(4)
AR (2) p 值	—	—	0.865	0.891
Sargan p 值	—	—	0.358	0.594

注：第 (1) 列和第 (2) 列括号内为 t 值；第 (3) 列和第 (4) 列括号内为 z 值；*、** 和 *** 分别表示在 10%、5% 和 1% 的水平上显著。由于模型中含有滞后一期的因变量，所以样本会减少一年数据，其中，由于差分 GMM 模型（GMM – DIF）还会进一步进行差分处理，所以样本会减少两年数据。

第 (1) 列为 OLS 的估计结果，其中 L.CSR 的系数为 0.645，且在 1% 的水平上显著，这说明企业基于目标社会责任投入动态调整了实际社会责任投入水平，且调整速度为 0.355（1 – 0.645）。估计出来的调整速度相对较慢，一方面可能是企业的调整成本较高，另一方面 OLS 估计方法忽视了公司个体特征的影响，而且由于模型的自变量中含有因变量的滞后项，存在严重的内生性问题，因此采用 OLS 估计的结果会产生偏误。进一步采用固定效应方法（FE）进行估计，结果见第 (2) 列。其中 L.CSR 的系数为 0.170，在 5% 的水平上显著，说明企业调整实际社会责任投入水平的速度为 0.830（1 – 0.170）。FE 方法估计出的调整速度偏快和 OLS 方法估计出的调整速度相差很大（调整速度从 0.355 上升到 0.830），主要是因为固定效应模型对动态面板做离差变换并不能完全解决内生性问题，所以估计结果仍然是有偏差的。

为了克服 OLS 和 FE 估计方法的不足，本节采用广义矩估计法（GMM）进行检验。本节同时采用一阶差分 GMM（GMM – DIF）与系统 GMM（GMM – SYS）进行估计，结果分别见第 (3) 列和第 (4) 列。其中第 (3) 列为 GMM – DIF 的估计结果，L.CSR 的系数为 0.243，且在 1% 的水平上显著，说明企业调整社会责任投入水平的速度为 0.757 (1 - 0.243)。第（4）列为 GMM - SYS 的估计结果，因变量滞后项的系数为 0.218，在 1% 的水平上显著，表明社会责任投入水平的调整速度为 0.782 (1 - 0.218)。

对于 GMM 估计结果有效性的检验，Bond（2002）认为，当对同一组样本数据分别采用 OLS、FE 和 GMM 方法估计时，采用 GMM 方法估计出的因变量的滞后项系数应当正好介于采用 OLS 和 FE 方法估计出的系数值之间，由此可以初步认为 GMM 估计是有效的。结果中，GMM - DIF 和 GMM - SYS 方法估计的社会责任投入水平滞后一期变量（L.CSR）的系数分别为 0.243 和 0.218，正好介于 0.645（OLS 估计结果）和 0.170（FE 估计结果）之间，因此可以初步判断 GMM 估计结果是比较有效的。此外，GMM - DIF 和 GMM - SYS 的 Sargan 检验对应的 p 值大于 0.1，通过了工具变量过度识别检验，即所使用的工具变量联合有效，AR（2）对应的 p 值大于 0.1，说明残差不存在二阶序列相关问题，Wald 检验在 1% 的水平上拒绝了模型系数为零的假设，说明模型整体是显著的。这些都说明了 GMM 估计是有效的，假设的检验结果也是稳健有效的。

四、研究结论

本节以 2009～2016 年沪深 A 股上市公司为初始样本，通过局部调整模型（Partial Adjustment Model）并采用 OLS、FE、差分 GMM 和系统 GMM 估计法实证检验企业是否会围绕目标值动态调整期社会责任投入。研究发现：企业会围绕着目标社会责任投入水平动态地调整实际投入水平，使之尽可能地趋近目标值，从而最大限度地发挥社会责任对企业价值的增值作用。而且动态调整速度越快，意味着企业对社会责任投入水平的优化调整越及时，对社会责任的资源配置越有效。

本节的启示在于"授人以鱼，不如授人以渔"，对于企业社会责任的推动不能仅停留在道德的驱动上，更要从价值创造的角度引导企业科学、主动地履行社会责任。战略性企业社会责任有助于促进企业价值的上升，但是受企业自身条件以及错综复杂的环境影响，社会责任的内在作用机制依然是个未解之谜，这也是现实中企业实施战略性社会责任决策的难点所在。本节从动态视角刻画出企业围绕目标社会责任投入水平对实际投入水平进行动态调整的过程，并估计出企业动态调整社会责任投入水平的速度，量化了社会责任投入的资源配置效率，这有利于从过程上对企业社会责任进行合理控制并实现优化配置，从而进一步打开战略性企业社会责任内部作用机制的黑箱，丰富社会责任相关理论的研究。而且为企业科学合理地制定社会责任决策提供了经验证据，有利于企业管理者将战略性社会责任作为一种经营理念融入企业经营的始末，对引导企业积极主动地履行社会责任具有较强的现实指导意义。随着中国经济迈进新常态，企业如何战略性地承担社会责任以适应当前中国的经济新形势，实现企业和社会的双赢发展将是值得深入探讨的理论和现实问题。

第三节　本章小结

本章围绕企业是否存在最优社会责任投入水平以及企业是否会以最优社会责任投入水平为目标调整实际社会责任投入水平来探讨社会责任投入动态调整机制。

第一部分探讨是否存在最优社会责任投入。根据社会责任的价值传导机制，最优社会责任投入是各因素平衡的结果，它刚好位于社会责任的收益等于社会责任带来的成本的平衡点上，在该点企业价值最大。因此，探寻最优社会责任投入比例的关键在于厘清社会责任投入与企业价值的关系。基于利益相关者理论、资源基础理论、代理理论与社会责任交易观等理论，分析社会责任投入为企业带来的收益以及产生的成本，并由此勾勒出社会责任投入对企业价值边际贡献的变化趋势，论证最优社会责任投入比例的存在性。随后，采用 Heckman 两阶段模型以及 2SLS 两阶段回归模型对企业社会责任投入水平与企业价值的关系进行分析，发现企业社会责任投入与企业价值呈倒 U 形关系，即存在能够令企业价值最大化的最优企业社会责任投入。

第二部分分析企业在确定了最优社会责任投入比例之后，是否会以此为目标调整实际社会责任投入比例。影响社会责任的因素非常复杂，从微观到宏观各个层面的影响因素以及社会责任投入本身都在变化之中，这使企业最优社会责任投入的选择成为一个动态的过程。企业通过"调整—偏离—再调整"的循环动态调整过程来实现对社会责任投入的控制与管理。本部分具体通过局部调整模型（Partial Adjustment Model），采用 OLS、FE、GMM 等估计方法刻画出企业社会责任动态调整的过程，进而论证企业是否存在围绕最优社会责任投入水平动态调整实际投入水平的行为，并估计出动态调整速度。

第四章 社会责任投入动态调整
行为的企业内部影响因素分析

本章结合中国的制度背景，主要从产权性质、政治关联、行业竞争、企业竞争地位以及高管的人文社科教育背景等多个方面分析企业社会责任投入动态调整的企业内部影响因素。

第一节 产权性质对企业社会责任
投入动态调整行为

一、理论分析与假设提出

在中国特殊的二元所有制背景下，国有企业和私有企业在经营目标、经营环境等许多方面都存在差异，导致不同产权性质的企业在社会责任行为上有所不同（张建君，2013）。国有企业是中国国民经济的重要支柱，不但要追求经济效益，还要承担国家所赋予的政治责任和社会责任。国有企业配合国家的政策需求积极地承担社会责任，更多的是由于国有企业与政府以及人民之间存在"天然的血缘关系"，而非单纯出于战略性动机。若国家和人民有需要，国有企业就要履行包括扶贫、赈灾、提高就业等在内的社会责任，即使这样可能导致企业价值受损也要坚决执行。而且国有企业"为民所有"的特殊身份使利益相关者认为国有企业承担一定的社会责任是理所应当的，对国有企业的社会责任行为的反应并不敏感，从而导致同样条件下社会责任对国有企业价值的促进作用小于对私有企业价值的促进作用。这些原因导致国有企业社会责任的战略性动机不足，社会责任动态调整相对迟缓。相比国有企业，私有企业更单纯地以企业价值最大化为主要目标，而且其财务弹性较差，融资约束严重，在市场竞争中处于明显的劣势（邓建平，2011）。特别是在融资方面，由于中国尚处于经济转型阶段，资本市场的完善速度落后于经济的发展速度，加之中国主要的金融机构都控制在国家手中，私有企业往往受到一定程度的"歧视"（刘津宇等，2014；祝继高等，2012）。在这种相对不利的生存环境下，私有企业有较强的战略性动机通过社会责任向市场传递出正面信息，改善利益相关者对企业的评价，以获得更多关键资源，促进企业价值提升。所以相对于国有企业，私有企业的战略性社会责任动机更强，对社会责任的动态调整更加及时、迅速。据此，提出如下假设：

假设4-1：相比国有企业，私有企业社会责任投入动态调整的速度更快。

二、研究设计

（一）样本选择和数据来源

本节选取2009～2016年在沪深A股上市的公司为初始样本。具体按照以下标准进行样本筛选：①剔除金融类上市公司样本；②删除同时在B股或 H 股上市的样本；③剔除 ST 和 * ST 上市公司样本；④剔除总资产负债率小于 0 或大于 1 的上市公司样本；⑤剔除社会责任投入额小于 0 的上市公司样本；⑥剔除主要变量有缺失的上市公司样本。最终得到 8035 个有效样本。此外，为了避免极端值的影响，本节对连续变量在总样本上下 1% 的分位上进行缩尾处理。数据来源于 CSMAR 数据库。

（二）变量选择

产权性质为虚拟变量，具体根据最终控制人性质来进行判定，若最终控制人性质为国有企业则认定产权性质为国有，取值为 1，否则取值为 0。本节借鉴李增福等（2016）、李四海等（2015）和权小锋等（2015）的做法，采用企业慈善捐赠作为企业社会责任投入的替代变量。具体而言，社会责任水平（CSR）采用企业慈善捐赠额与资产总额之比来衡量，为了便于研究放大 100 倍。这种做法的依据在于：首先，慈善捐赠是社会责任最原始也是最直接的表现形式，且普遍被公众所熟知；其次，相比欧美发达国家的企业，中国企业认识并主动履行社会责任的时间并不长，多数企业仍以慈善捐赠作为履行社会责任的主要方式；最后，从研究的角度来看，慈善捐赠是直接的资金支出，在财务报告上能直接获取，因此数据更加真实客观。

研究发现企业的冗余资源的数量是影响企业从事社会责任的重要因素（Buchholtz 等，1999；Seifert 等，2004）。冗余资源是一种能够帮助企业缓冲内外部环境压力的潜在资源，资源越多企业社会责任的意愿和能力越强（Bourgeois，1981）。借鉴贾兴平和刘益（2014）的做法，取流动比率、费用收入比率和资产负债率的均值来衡量。一个企业的社会责任行为会受到其同行业企业社会责任水平的影响，同行业社会责任水平越高，企业往往越倾向于履行社会责任（Wang 等，2008）。行业社会责任投入水平采用行业内企业捐赠水平的均值来衡量。其余控制变量如下：公司规模（size）、财务杠杆（lev）、股权集中度（shrcr1）、股权制衡度（indexZ）、资产报酬率（roa）、固定资产比率（ppe）、存货比例（inv）以及公司产权性质（soe）等公司治理以及股权结构变量。具体定义如表4-1所示。

表4-1　变量定义

变量名称	变量符号	变量说明
企业社会责任投入水平	CSR	社会责任投入/资产总额×100
产权性质	soe	若最终控制人性质为国有企业取1，否则取0
冗余资源	slack	流动比率、费用收入比率和资产负债率的平均值
行业社会责任投入水平	indu_CSR	取行业内企业社会责任水平的均值
固定资产比率	ppe	固定资产/总资产
公司规模	size	公司总资产的自然对数
存货比例	inv	存货总额/总资产
财务杠杆	lev	总负债/总资产
资产报酬率	roa	利润总额/总资产
股权集中度	shrcr1	公司第一大流通股股东持股比例
股权制衡度	indexZ	公司第一大流通股股东与第二大流通股股东持股比例的比值

（三）模型构建

企业基于目标社会责任水平动态调整实际社会责任投入水平，而这个过程取决于企业本期与上期实际社会责任水平的变化幅度（$CSR_{i,t} - CSR_{i,t-1}$）与企业上期实际社会责任水平偏离目标社会责任水平的幅度（$CSR_{i,t}^* - CSR_{i,t-1}$）的比例，即（$CSR_{i,t} - CSR_{i,t-1}$）/（$CSR_{i,t}^* - CSR_{i,t-1}$），这个比例越接近于1，则表明调整后的社会责任水平越接近于目标水平。本节采用以下模型来刻画该动态调整行为，具体如下：

$$CSR_{i,t} - CSR_{i,t-1} = \delta(CSR_{i,t}^* - CSR_{i,t-1}) + \varepsilon_{i,t} \qquad (4-1)$$

其中，$CSR_{i,t}^*$ 为企业目标社会责任投入水平，由于目标水平不可观测，本节采用影响企业社会责任的因素，并控制公司基本面情况，拟合出公司目标社会责任投入水平。拟合目标社会责任投入水平的模型如下：

$$CSR_{i,t}^* = \hat{\alpha} + \hat{\beta}X \tag{4-2}$$

将式（4-2）代入式（4-1），经整理得到式（4-3）。

$$CSR_{i,t} = (1 - \delta)CSR_{i,t-1} + \beta\delta X + \varepsilon_{i,t} \tag{4-3}$$

为了验证假设，本节将样本分为国有产权子样本和私有产权子样本，分别对式（4-3）进行分组检验不同产权性质下的企业社会责任投入动态调整速度。式（4-3）即为标准的局部调整模型（Partial Adjustment Model）。本节主要运用该模型刻画企业社会责任的动态调整过程，估计出企业社会责任动态调整速度，同时间接验证企业是否存在目标社会责任水平。式（4-3）的含义为企业会基于自身需要缩小实际社会责任水平与目标社会责任水平的距离（$CSR_{i,t}^* - CSR_{i,t-1}$），实际调整的距离为（$CSR_{i,t} - CSR_{i,t-1}$）。系数 δ 代表调整速度，该数值越大表明调整速度越快。如果 $\delta = 1$ 说明企业的实际社会责任水平 $CSR_{i,t}$ 与目标社会责任水平 $CSR_{i,t}^*$ 完全一致，$CSR_{i,t}^* - CSR_{i,t-1} = CSR_{i,t} - CSR_{i,t-1}$，即企业对实际社会责任水平实施了完全调整，其实际社会责任水平一直处于目标水平状态；如果 $\delta = 0$ 说明企业没有对社会责任水平进行过任何调整，实际社会责任水平处于随机游走状态；如果 $0 < \delta < 1$ 说明企业当期对实际社会责任水平进行了动态调整，实际社会责任水平以一定的调整速度趋近于目标水平。为缓解该模型的内生性问题，本节参照（Arellano，1991）以及（Blundell，1998）提出的动态面板广义矩估计（GMM）对式（4-3）进行估计。由于动态面板模型的解释变量中有因变量的滞后项，不可避免存在内生性问题，如果用传统的估计方法，结果会产生一定的偏误。因此，相比其他方法，GMM 更适合动态面板数据的

估计。具体采用差分 GMM 和系统 GMM 进行估计。

（四）变量描述性统计

表 4－2 是对模型所涉及的所有变量的描述性统计。企业社会责任投入水平（CSR）的均值为 0.024 高于中值 0.001，说明整体上企业社会责任水平在不断提高。行业社会责任水平（indu_ CSR）的标准差为 0.009，而企业社会责任水平标准差为 0.102，说明行业间的社会责任水平比企业间的社会责任水平差异小一些。其他变量方面：财务杠杆（lev）的均值与中值分别为 0.483 和 0.488，说明样本公司的财务杠杆大概控制在 50% 左右，比较合理；股权集中度（shrcr1）的均值为 35.040，说明样本公司第一大股东持股比例的均值为 35.04%，符合中国上市公司股权结构较为集中的特点；股权制衡度（indexZ）指数均值达到 14.820，进一步说明在中国上市公司股权高度集中的结构特征下股权制衡也非常弱；产权性质（soe）的均值为 0.352，说明样本公司中国有企业占比为 35.2%。

表 4－2　描述性统计

变量	观测值	均值	中值	标准差	最小值	最大值
CSR	8035	0.024	0.001	0.102	0.000	0.211
soe	8035	0.352	0.000	0.478	0.000	1.000
slack	8035	1.862	1.418	1.369	0.477	5.981
indu_ CSR	8035	0.003	0.000	0.009	0.000	0.181
lev	8035	0.483	0.488	0.204	0.122	0.835
ppe	8035	0.229	0.199	0.162	0.009	0.566
size	8035	22.030	21.940	1.127	20.160	24.260
inv	8035	0.168	0.128	0.148	0.004	0.578
roa	8035	0.046	0.042	0.046	−0.046	0.141
shrcr1	8035	35.040	33.080	15.470	0.286	89.090
indexZ	8035	14.820	4.848	33.130	1.000	1080.000

主要变量 Pearson 相关系数分析如表 4 – 3 所示。结果显示：产权性质
soe 与企业社会责任投入水平（CSR）显著正相关，初步说明在我国国有企
业比私有企业更积极承担社会责任；冗余资源（slack）与企业社会责任投
入（CSR）显著正相关，说明企业的冗余资源越多越会加大社会责任投入水
平，印证了 Bourgeois（1981）的观点，即资源越多企业履行社会责任的意
愿和能力越强；企业财务杠杆（lev）与企业社会责任投入变量（CSR）显
著负相关，说明负债率较高的企业社会责任投入水平较低；公司规模 size 与
企业社会责任投入变量（CSR）显著正相关，说明规模大的企业越积极从事
企业社会责任；企业资产报酬率（roa）与企业社会责任投入变量（CSR）
显著正相关，初步说明企业社会责任投入有利于企业短期绩效的提升；两
权分离程度（indexZ）与企业社会责任投入变量（CSR）负相关，说明一股
独大不利于促进企业从事社会责任。此外，所有变量回归系数都在正常范
围，说明变量设置无明显技术问题。

　　表 4 – 4 显示了基于产权性质将样本划分为国有企业子样本和私有企业
子样本，并对两组子样本的企业社会责任投入程度 CSR 的中值和均值所做
的差异检验结果。从检验结果可以明显看出：国有产权企业社会责任投入
程度的中值和均值都明显高于私有产权企业。该检验结果初步说明国有企
业的社会责任投入程度更高。

三、实证结果分析

　　为了检验不同产权性质的企业在社会责任动态调整行为上是否存在差
异，本节通过追溯公司的控制链条，基于实际控制人的产权性质将样本划
分为私有产权组和国有产权组进行分组回归检验。表 4 – 5 为分组回归结果。
从回归结果中可以看出，在私有产权样本组中，采用差分 GMM（GMM – DIF）

表 4 - 3 主要变量 Pearson 相关系数

Variables	CSR	slack	indu_CSR	lev	ppe	size	inv	soe	roa	shrcr1	indexZ
CSR	1										
slack	0.017**	1									
indu_CSR	0.160***	-0.095***	1								
lev	-0.098***	0.055***	-0.159***	1							
ppe	0.0190*	0.484***	0.268***	0.425***	1						
size	0.067***	-0.006	0.026**	-0.037***	0.0070	1					
inv	-0.020	-0.013	-0.007	-0.0150	-0.009	0.765***	1				
soe	0.305***	0.173***	-0.166***	0.149***	0.133***	-0.181***	-0.081***	1			
roa	0.396***	0.085***	-0.141***	0.072***	0.023*	-0.049***	-0.032**	0.237***	1		
shrcr1	0.386***	0.0180	-0.189***	0.050***	-0.059***	-0.048***	-0.010	0.108***	0.354***	1	
indexZ	-0.018	-0.010	-0.024*	-0.007	-0.012	0.716***	0.921***	-0.085***	0.010	0.013	1

注: 表中为 Pearson 相关系数; *、**和***分别表示在10%、5%和1%的水平上显著。

表 4 - 4　主要变量差异检验

变量		产权性质		
		国有企业	私有企业	差异检验
CSR	均值	0.0479	0.0336	0.014 *** (5.197)
	中值	0.0398	0.0259	0.0139 *** (11.500)

注：均值检验采用 t 检验，中值检验采用连续修正后的 χ^2 检验，括号中分别为 t 值和 Pearson χ^2 值；*、** 和 *** 分别表示在 10%、5% 和 1% 的水平上显著。

表 4 - 5　产权性质对企业社会责任投入动态调整的影响

变量	私有产权组		国有产权组	
	GMM - DIF 模型	GMM - SYS 模型	GMM - DIF 模型	GMM - SYS 模型
	(1)	(2)	(3)	(4)
L. CSR	0.133 *** (4.010)	0.118 *** (5.037)	0.275 *** (9.682)	0.256 *** (13.03)
lev	- 0.047 * (- 1.868)	- 0.051 ** (- 2.033)	- 0.053 ** (- 2.521)	- 0.055 *** (- 2.637)
ppe	- 0.012 (- 0.446)	- 0.018 (- 0.662)	- 0.024 (- 0.959)	- 0.028 (- 1.147)
size	0.019 *** (3.240)	0.019 *** (3.356)	0.020 *** (4.069)	0.023 *** (4.823)
inv	0.087 ** (2.251)	0.116 *** (3.085)	0.032 (1.137)	0.037 (1.353)
roa	- 0.196 *** (- 3.058)	- 0.209 *** (- 3.319)	- 0.131 *** (- 2.714)	- 0.127 *** (- 2.656)
shrcr1	0.000 (0.866)	0.000 (0.300)	0.000 (1.000)	0.000 (0.804)
indexZ	0.000 (0.273)	0.000 (0.563)	0.000 (0.307)	0.000 (0.562)
indu_ CSR	0.323 * (1.754)	0.273 (1.508)	1.911 *** (5.945)	1.616 *** (5.460)

续表

变量	私有产权组		国有产权组	
	GMM – DIF 模型	GMM – SYS 模型	GMM – DIF 模型	GMM – SYS 模型
	（1）	（2）	（3）	（4）
slack	−0.001	−0.002	−0.003	−0.004
	（−0.422）	（−0.782）	（−1.209）	（−1.366）
截距项	−0.387***	−0.369***	−0.364***	−0.424***
	（−2.940）	（−2.958）	（−3.404）	（−4.092）
Industry/Year	控制	控制	控制	控制
N	3388	4246	1932	2358
Wald	0.000	0.000	0.000	0.000
AR（2）p 值	0.475	0.496	0.954	0.934
Sargan p 值	0.909	0.964	0.214	0.308

注：括号内为 z 值；*、** 和 *** 分别表示在 10%、5% 和 1% 的水平上显著。由于模型中含有滞后一期的因变量，所以样本会减少一年数据，其中，由于差分 GMM 模型（GMM – DIF）还会进一步进行差分处理，所以样本会减少两年数据。

估计社会责任水平动态调整模型，L. CSR 的系数为 0.133，且在 1% 的水平上显著，说明企业调整社会责任水平的速度为 0.867（1 − 0.133）。而在国有产权样本组中 L. CSR 的系数为 0.275，且在 1% 的水平上显著，说明企业调整社会责任水平的速度为 0.725（1 − 0.275）。显然，相比国有企业，私有企业具有更强的战略性社会责任动机，其社会责任动态调整速度更快。假设得到验证。进一步采用系统 GMM（GMM – SYS）进行回归分析，结论依然稳健地支持假设。此外，每组样本的估计都通过了 Sargan 检验和残差序列相关检验（对应的 p 值都大于 0.1），即不存在工具变量过度识别问题和残差序列相关问题，Wald 检验也在 1% 的水平上拒绝了模型系数为零的假设，说明模型整体是显著的。这些检验表明样本估计结果是有效的。

四、研究结论

本节以 2009 ~ 2016 年沪深 A 股上市公司为初始样本，通过局部调整模型（Partial Adjustment Model）采用差分 GMM 和系统 GMM 估计法实证研究企业的社会责任投入动态调整行为在不同的产权性质下以及政治关联的情况下是否存在异质性。研究发现：相比国有企业，私有企业社会责任投入动态调整速度更快。这表明私有企业从事战略性社会责任的动机更强，期望借助快速的动态调整社会责任投入以实现更有效的企业价值增值。

本节的启示在于：在中国特殊的二元经济背景下，国有企业承担了更多与国计民生相关的责任，而私有企业更单纯地以营利为主要经营目的，因此，在企业社会责任方面，私有企业会更积极地以企业价值最大化为目的，更快速地调整社会责任投入，使之尽快产生最大效用。这意味着私有企业更倾向于基于战略目标投入社会责任。在引导这类企业积极履行社会责任方面，应当更有针对性，不能单纯停留在准则规范的强制上，更要从价值创造的角度引导企业科学、主动地履行社会责任。

第二节　与政府政治的联系对企业社会
责任投入动态调整行为

一、理论分析与假设提出

基于第三章的分析，企业可以通过适时的动态调整社会责任投入来促进企业价值最大化。那么对于和政府建立了与政府政治联系的企业而言，社会责任投入动态调整行为是否会受到影响？企业拥有政治联系不仅有助于其获取产权保护，更有助于其从地方政府手中获取额外的关照和稀缺资源（田利辉，2013；吴文锋等，2009）。一方面，企业为了能够持续地维持与地方政府的良好关系，要维持甚至加深这种关系就需要积极履行社会责任。另一方面，与政府有联系的企业比起没有联系的企业容易获取更多关于政府的信息，能更好地把握政府的需求和意图，与政府间的互惠互利关系更加融洽。对于政府而言，政府对有联系的企业同样了解更深入，往往期望也更高，对这类企业在社会责任方面的要求自然更高，相应地对这类企业也会更加"偏爱"，愿意给予其更多的资源。而对于没有联系的企业，可能本身从资源上对于政府的依赖程度就比较低，再加上缺乏对政府的需求和意图的深入了解，所以利用社会责任向政府寻租的动机不强。对于这类企业而言，社会责任对于企业价值的促进作用较小，其社会责任投入动态调整的成本相对较高，因此调整速度较慢。综上所述，提出如下假设：

假设 4 - 2：相比与政府没有联系的企业，有联系的企业社会责任投入动态调整速度更快。

二、研究设计

（一）样本选择和数据来源

本节选取 2009~2016 年在沪深 A 股上市的私有产权公司为初始样本。具体按照以下标准进行样本筛选：①剔除金融类上市公司样本；②删除同时在 B 股或 H 股上市的样本；③剔除 ST 和 *ST 上市公司样本；④剔除总资产负债率小于 0 或大于 1 的上市公司样本；⑤剔除社会责任投入额小于 0 的上市公司样本；⑥剔除主要变量有缺失的上市公司样本。最终得到 5209 个有效样本。此外，为了避免极端值的影响，本节对连续变量在总样本上下

1% 的分位上进行缩尾处理。主要财务数据来源于 CSMAR 数据库。

（二）变量选择

本节通过以下方法定义公司是否与政府有联系：如果公司的现任董事长或者总经理曾经担任各级党委、政府官员或者（曾）是各级人大、政协的代表以及委员则定义为有政府联系的企业，取值为 1，否则为无政府联系的企业，取值为 0。

同前文，本部分对企业社会责任水平（CSR）采用企业慈善捐赠额与资产总额之比来衡量，为了便于研究放大 100 倍。这种做法的依据在于：首先，慈善捐赠是社会责任最原始也是最直接的表现形式，且普遍被公众所熟知；其次，相比欧美发达国家的企业，中国企业认识并主动履行社会责任的时间并不长，多数企业仍以慈善捐赠作为履行社会责任的主要方式；最后，从研究的角度来看，慈善捐赠是直接的资金支出，在财务报告上能直接获取，因此数据更加真实客观。研究发现企业的冗余资源的数量是影响企业从事社会责任的重要因素（Buchholtz 等，1999；Seifert 等，2004）。冗余资源是一种能够帮助企业缓冲内外部环境压力的潜在资源，资源越多企业社会责任的意愿和能力越强（Bourgeois，1981）。借鉴贾兴平和刘益（2014）的做法，取流动比率、费用收入比率和资产负债率的均值来衡量。一个企业的社会责任行为会受到其同行业企业社会责任水平的影响，同行业社会责任水平越高，往往企业越倾向于社会责任（Wang 等，2008）。行业社会责任投入水平采用行业内企业捐赠水平的均值来衡量。其余控制变量如下：公司规模（size）、财务杠杆（lev）、股权集中度（shrcr1）、股权制衡度（indexZ）、资产报酬率（roa）、固定资产比率（ppe）、存货比例（inv）等公司治理以及股权结构变量。具体定义如表 4-6 所示。

表 4 - 6　变量定义

变量名称	变量符号	变量说明
企业社会责任投入水平	CSR	社会责任投入/资产总额 × 100
政府联系	poli	如果公司的现任董事长或者总经理曾经担任各级党委、政府官员或者（曾）是各级人大、政协的代表以及委员则定义为有政府联系的企业，取值为 1，否则为无政府联系的企业，取值为 0。
冗余资源	slack	流动比率、费用收入比率和资产负债率的平均值
行业社会责任投入水平	indu_ CSR	取行业内企业社会责任水平的均值
固定资产比率	ppe	固定资产/总资产
公司规模	size	公司总资产的自然对数
存货比例	inv	存货总额/总资产
财务杠杆	lev	总负债/总资产
资产报酬率	roa	利润总额/总资产
股权集中度	shrcr1	公司第一大流通股股东持股比例
股权制衡度	indexZ	公司第一大流通股股东与第二大流通股股东持股比例的比值

（三）模型构建

同上文，采用以下局部调整模型来刻画该动态调整行为，具体如下：

$$\text{CSR}_{i,t} = (1 - \delta)\text{CSR}_{i,t-1} + \beta\delta X + \varepsilon_{i,t} \tag{4-4}$$

由于国有企业产权性质特殊且天然地与政府有联系，为了排除干扰，本节仅选择私有产权企业作为样本，在此基础上按照企业是否与政府有联系对式（4-4）进行分组检验，研究有无联系对企业社会责任投入动态调整速度的影响。式（4-4）即为标准的局部调整模型（Partial Adjustment Model）。本节主要运用该模型刻画企业社会责任的动态调整过程，估计出企业社会责任动态调整速度，同时间接验证企业是否存在目标社会责任水平。式（4-4）的含义为企业会基于自身需要缩小实际社会责任水平与目标社会责任水平的距离（$CSR_{i,t}^* - CSR_{i,t-1}$），实际调整的距离为（$CSR_{i,t} - CSR_{i,t-1}$）。系数 δ 代表调整速度，该数值越大表明调整速度越快。如果 $\delta = 1$ 说明企业的实际社会责任水平 $CSR_{i,t}$ 与目标社会责任水平 $CSR_{i,t}^*$ 完全一致，$CSR_{i,t}^* - CSR_{i,t-1} = CSR_{i,t} - CSR_{i,t-1}$，即企业对实际社会责任水平实施了完全调整，其实际社会责任水平一直处于目标水平状态；如果 $\delta = 0$ 说明企业没有对社会责任水平进行过任何调整，实际社会责任水平处于随机游走状态；如果 $0 < \delta < 1$ 说明企业当期对实际社会责任水平进行了动态调整，实际社会责任水平以一定的调整速度趋近于目标水平。具体采用差分 GMM 和系统 GMM 法进行检验。

为缓解该模型的内生性问题，本节参照（Arellano，1991）以及（Blundell，1998）提出的动态面板广义矩估计（GMM）对式（4-4）进行估计。由于动态面板模型的解释变量中有因变量的滞后项，不可避免地存在内生性问题，如果用传统的估计方法，结果会产生一定的偏差。因此，相比其他方法，GMM 更适合动态面板数据的估计。

（四）变量描述性统计

表 4-7 是对模型所涉及的所有变量的描述性统计。企业社会责任投入水平（CSR）的均值为 0.0136 高于中值 0.0059，说明整体上企业社会责任水平在不断提高。政府联系（poli）的均值为 0.3750，表明拥有政府联系的样本公司占到 37.5%。其他变量方面：财务杠杆（lev）的均值与中值分别为 0.4850 和 0.4890，说明样本公司的财务杠杆大概控制在 50% 左右，比较合理；股权集中度（shrcr1）的均值为 38.7800，说明样本公司第一大股东持股比例的均值为 38.78%，符合中国上市公司股权结构较为集中的特点；股权制衡度（indexZ）指数均值达到 13.6400，进一步说明在中国上市公司股权高度集中的结构特征下股权制衡也非常弱。

表 4 - 7　描述性统计

变量	观测值	均值	中值	标准差	最小值	最大值
CSR	5209	0.0136	0.0059	0.539	0.000	0.211
poli	5209	0.3750	0.0000	0.484	0.000	1.000
slack	5209	1.7390	1.3920	2.013	0.477	4.733
indu_ CSR	5209	0.0030	0.0000	0.050	0.000	0.196
lev	5209	0.4850	0.4890	0.255	0.122	0.813
ppe	5209	0.2300	0.1870	0.250	0.009	0.537
size	5209	22.9400	22.7900	1.469	18.270	28.510
inv	5209	0.1690	0.1310	0.203	0.004	0.560
roa	5209	0.0490	0.0390	0.063	- 0.822	0.497
shrcr1	5209	38.7800	38.6300	16.280	3.390	89.410
indexZ	5209	13.6400	3.9910	35.220	1.000	931.000

　　主要变量 Pearson 相关系数分析如表 4 - 8 所示。结果显示：政府联系
（poli）与企业社会责任投入（CSR）显著正相关，说明具有政府联系的企
业会更积极地投入社会责任；冗余资源（slack）与企业社会责任投入变量
（CSR）显著正相关，说明企业的冗余资源越多越会加大社会责任投入水平，
印证了 Bourgeois（1981）的观点，资源越多企业履行社会责任的意愿和能
力越强；企业财务杠杆（lev）与企业社会责任投入（CSR）显著负相关，
说明负债率较高的企业较少从事企业社会责任；公司规模（size）与企业社
会责任投入（CSR）显著正相关，说明规模大的企业越积极从事企业社会责
任；企业资产报酬率（roa）与企业社会责任投入（CSR）显著正相关，初
步说明企业社会责任投入有利于企业短期绩效的提升；两权分离程度（in-
dexZ）与企业社会责任投入（CSR）负相关，说明一股独大不利于促进企业
从事社会责任。此外，所有变量回归系数都在正常范围，说明变量设置无
明显技术问题。

表 4 – 8　主要变量 Pearson 相关系数

Variables	CSR	poli	slack	lev	ppe	size	inv	roa	shrcr1	indexZ
CSR	1									
poli	0.71***	1								
slack	-0.034**	0.540***	1							
lev	0.221***	0.029**	0.425***	1						
ppe	-0.0130	0.127***	-0.037***	0.0070	1					
size	-0.032**	0.012	-0.0150	-0.009	0.765***	1				
inv	0.083***	0.045	0.149***	0.133***	-0.181***	-0.081***	1			
roa	-0.0160	0.146***	0.072***	0.023*	-0.049***	-0.032**	0.237***	1		
shrcr1	0.0070	0.210	0.050***	-0.059***	-0.048***	-0.0100	0.108***	0.354***	1	
indexZ	-0.032**	0.900	-0.007	-0.012	0.716***	0.921***	-0.085***	0.010	0.013	1

注：表中为 Pearson 相关系数；*、**和***分别表示在10%、5%和1%的水平上显著。

表4-9显示了基于是否与政府有联系将样本划分为有联系子样本和无联系子样本，基于两组子样本对企业社会责任投入（CSR）的中值和均值所做的差异检验。从检验结果可以明显看出：与政府有联系的企业，其社会责任投入程度的中值和均值都明显高于没有联系的企业。该检验结果初步说明有政治关联的企业在社会责任方面投入更多。

表4-9 主要变量差异检验

变量		poli		
		有政府联系	无政府联系	差异检验
CSR	均值	0.0351	0.0221	0.013 *** (5.159)
	中值	0.0322	0.0199	0.0123 *** (9.512)

注：均值检验采用 t 检验，中值检验采用连续修正后的 χ^2 检验，括号中分别为 t 值和 Pearson χ^2 值；*、**和***分别表示在10%、5%和1%的水平上显著。

三、实证结果分析

政府联系强化了政企间的关系。一旦建立了政府联系，政企之间更加了解对方的需求和意图，政府会给予这类企业更多的回报。因此，政府联系的存在有助于降低企业调整社会责任投入的成本，从而加快调整速度。为此本节将对假设进行实证检验。由于国有产权企业"天然"的具有政府联系，且国有产权企业的经营并不单纯地以企业价值最大化为目标，目前涉及政府联系的实证研究都以私有产权企业为研究样本（贾明和张喆，2010；罗党论和魏翥，2012；李姝和谢晓嫣，2014），本节亦遵从该做法。表4-10显示了按照企业是否具有政府联系来进行分组回归的结果。从回归结果中可以看到，在有政治关联的样本组中，采用差分 GMM（GMM - DIF）估计社会责任水平动态调整模型，L. CSR 的系数为 0.101，且在 1% 的水平上显著，说明企业调整社会责任水平的速度为 0.899（1 - 0.101）。而在无政府联系样本组中 L. CSR 的系数为 0.237，且在 1% 的水平上显著，说明企业调整社会责任水平的速度为 0.763（1 - 0.237）。显然，相比没有政府联系的企业，有政府联系的企业具有更强的战略性社会责任动机，其社会责任动态调整速度更快。假设得到验证。进一步采用系统 GMM（GMM - SYS）进行回归分析，结论依然稳健地支持假设。此外，每组样本的估计都通过了 Sargan 检验和残差序列相关检验（对应的 p 值都大于 0.1），即不存在工具变量过度识别问题和残差序列相关问题，Wald 检验也在 1% 的水平上拒绝了模型系数为零的假设，说明模型整体是显著的。这些检验表明样本估计结果是有效的。

表 4 - 10　政府联系对企业社会责任投入动态调整的影响

变量	有政府联系		无政府联系	
	GMM - DIF 模型	GMM - SYS 模型	GMM - DIF 模型	GMM - SYS 模型
	（1）	（2）	（3）	（4）
L. CSR	0.101 ***	0.105 ***	0.237 ***	0.488 ***
	（4.037）	（4.533）	（7.079）	（10.45）
lev	- 0.0750	- 0.130 **	0.0131	- 0.047
	（- 1.054）	（- 2.037）	（0.252）	（- 0.941）
ppe	- 0.0746	- 0.0562	- 0.102	- 0.0129
	（- 0.914）	（- 0.667）	（- 1.479）	（- 0.300）
size	0.005	0.048 ***	0.048 ***	0.010
	（0.364）	（3.009）	（2.885）	（1.260）
inv	0.148	- 0.014	0.083	0.024
	（1.632）	（- 0.150）	（0.847）	（0.643）

续表

变量	有政府联系		无政府联系	
	GMM-DIF 模型	GMM-SYS 模型	GMM-DIF 模型	GMM-SYS 模型
	(1)	(2)	(3)	(4)
roa	-0.180	-0.456***	-0.152	-0.159
	(-1.125)	(-3.545)	(-1.311)	(-1.132)
shrcrl	-0.000	-0.001	0.000	0.000
	(-0.246)	(-0.733)	(0.0181)	(0.708)
indexZ	-0.000	0.001**	0.000	-0.000*
	(-0.889)	(2.144)	(0.173)	(-1.907)
slackw	-0.008	0.000	0.002	-0.005
	(-1.177)	(0.0742)	(0.921)	(-0.86)
截距项	0.0109	-0.896**	-0.931**	-0.170
	(0.033)	(-2.503)	(-2.573)	(-0.851)
N	1154	1554	2051	2651
Wald	0.000	0.000	0.000	0.000
AR (2) p 值	0.465	0.486	0.834	0.854
Sargan p 值	0.419	0.316	0.446	0.467

注：括号内为 z 值；*、**和***分别表示在 10%、5% 和 1% 水平显著。由于模型中含有滞后一期的因变量，所以样本会减少一年数据，其中，由于差分 GMM 模型 (GMM-DIF) 还会进一步进行差分处理，所以样本会减少两年数据。

四、研究结论

本节以 2009~2016 年沪深 A 股上市公司为初始样本，通过局部调整模型 (Partial Adjustment Model)，采用差分 GMM 和系统 GMM 估计法实证研究企业的社会责任投入动态调整行为在不同的政府联系的情况下是否存在异质性。研究发现：具有政府联系的私有企业比没有政府联系的私有企业在社会责任投入动态调整方面速度更快。这意味着有政府联系的企业，一方面与政府关系良好能够比较充分地了解政府在社会责任方面的需求，另一方面政府也更倾向于给有政府联系的企业更多稀缺资源，因此这类企业的社会责任投入动态调整成本相对更低，调整速度更快。

本节的启示在于：政府联系有利于降低政府与企业之间的信息不对称，能促进企业更积极地履行社会责任。政企之间需要加强沟通，让企业更明确从事企业社会责任不但能够为社会公众谋福利，也能为自身的发展带来机遇与资源。

第三节　竞争对企业社会责任投入动态调整行为的影响

一、理论分析与假设提出

任何企业都是在一定的行业背景下经营和发展的，而最为重要的行业背景之一就是行业竞争环境。行业竞争环境由行业竞争程度和企业自身的竞争地位共同构成。本行业与其他行业的相对位置体现为行业的竞争程度，而企业自身与同行业其他企业的相对位置则体现为企业在本行业中的竞争地位。行业的竞争程度和企业自身竞争地位分别从外部和内部影响企业的社会责任动态调整行为。

行业竞争是企业加快社会责任动态调整的外部激发因素。行业竞争越激烈，企业社会责任的战略性动机越强，其动态调整速度越快。在竞争激烈的行业，同行业的企业之间对于市场份额、金融资源、人力资源等关键性资源的争夺更加激烈。然而这些关键性资源大多掌握在消费者、投资者等利益相关者手中。要想在竞争中取胜，企业需要借助一些举动来提高自身的"吸引力",从而能够从利益相关者手中争取到关键性资源。积极履行社会责任能有效地改善企业的形象,提升其吸引力。企业通过社会责任能够有意识地将自己的经济效益与社会效益联系起来,实现企业与利益相关者之间的共赢,这正是社会责任战略性动机的体现(Mescon 和 Tilson,1987;Porter 和 Kramer,2002)。因此,在竞争激烈的行业,企业会更快地动态调整社会责任水平,尽可能发挥社会责任对企业的增值作用。

企业竞争力是企业加快社会责任动态调整的内部驱动因素。企业自身的竞争力越弱,其社会责任的战略性动机越强,社会责任投入的动态调整速度越快。在同一行业中,企业自身的竞争力弱,意味着在市场竞争中会处于被动不利的局面,甚至遭受强势企业的大肆掠夺(Tesler,1987;Benoit,1984)。具体而言,竞争力相对较强的企业会掠夺弱势企业的市场份额,挖走其优秀的人才,占有更多的金融资源,最终使之在市场中逐渐被边缘化。而且企业竞争力太弱还会加剧市场上信息不对称的存在,随着利益相关者对企业的了解程度以及关注程度的下降,竞争力较弱的企业同样会逐渐被市场所遗忘(陈志斌和王诗雨,2015)。相对已经为公众所熟知且深受认可的竞争力强的企业,竞争力较弱的企业在各方面都处于弱势的情况下,通过战略性社会责任可以向利益相关者传递出更多正面信息,降低信息不对称,进而争取到更多的关键性资源,企业价值将会有更大的上升空间。因此,竞争力较弱的企业有更强的战略性动机利用社会责任扭转不利局面,在具体的社会责任决策中,将会更快速地调整社会责任水平。据此,提出如下假设:

假设 4-3:企业所处行业竞争越激烈,社会责任投入的动态调整速度越快。

假设 4-4:企业的竞争力越弱,社会责任投入的动态调整速度越快。

二、研究设计

(一) 样本选择和数据来源

本节选取 2009～2016 年在沪深 A 股上市的公司为初始样本。具体按照以下标准进行样本筛选：①剔除金融类上市公司样本；②删除同时在 B 股或 H 股上市的样本；③剔除 ST 和 *ST 上市公司样本；④剔除总资产负债率小于 0 或大于 1 的上市公司样本；⑤剔除慈善捐赠额小于 0 的上市公司样本；⑥剔除主要变量有缺失的上市公司样本。最终得到 8035 个有效样本。此外，为了避免极端值的影响，本节对连续变量在总样本上下 1% 的分位上进行缩尾处理。公司财务数据主要来源于 CSMAR 数据库。

(二) 变量选择

对于企业竞争力，本节借鉴 Peress（2010）的做法，采用勒那指数①衡量企业的竞争力，该指数越大，代表企业有较强的定价力，竞争力越强。借鉴陈志斌和王诗雨（2015）的做法，用上市公司的行业主营业务利润率的标准差衡量行业竞争程度，标准差越大说明行业内企业差异越大，行业竞争程度越低。借鉴李增福等（2016）、李四海等（2015）以及权小锋等（2015）的做法，本节采用企业慈善捐赠刻画企业社会责任投入。这种做法的依据在于：首先，慈善捐赠是社会责任最原始也是最直接的表现形式，且普遍被公众所熟知；其次，相比欧美发达国家的企业，中国企业认识并主动履行社会责任的时间并不长，多数企业仍以慈善捐赠作为履行社会责任的主要方式；最后，从研究的角度来看，慈善捐赠是直接的资金支出，在财务报告上能直接获取，因此数据更加真实客观。具体而言，社会责任

---

① 勒那指数 =（营业收入 – 营业成本 – 销售费用 – 管理费用）/营业收入

水平（CSR）采用企业慈善捐赠额与资产总额之比来衡量，为了便于研究放大 100 倍。产权性质为虚拟变量，若最终控制人性质为国有企业则取 1，否则取 0。研究发现企业的冗余资源的数量是影响企业从事社会责任的重要因素（Buchholtz 等，1999；Seifert 等，2004）。冗余资源是一种能够帮助企业缓冲内外部环境压力的潜在资源，资源越多企业社会责任的意愿和能力越强（Bourgeois，1981）。借鉴贾兴平和刘益（2014）的做法，取流动比率、费用收入比率和资产负债率的均值来衡量。一个企业的社会责任行为会受到其同行业企业社会责任水平的影响，同行业社会责任水平越高，往往企业越倾向于社会责任（Wang 等，2008）。行业社会责任投入水平采用行业内企业社会责任水平的均值来衡量。其余控制变量如下：公司规模（size）、财务杠杆（lev）、股权集中度（shrcr1）、股权制衡度（indexZ）、资产报酬率（roa）、固定资产比率（ppe）、存货比例（inv）以及公司产权性质（soe）等公司治理以及股权结构变量。具体定义如表 4 - 11 所示。

表 4 - 11　变量定义

变量名称	变量符号	变量说明
企业社会责任投入水平	CSR	社会责任支出/资产总额 × 100
行业竞争程度	compet1	行业主营业务利润率的标准差
企业竞争力	compet2	（营业收入 - 营业成本 - 销售费用 - 管理费用）/营业收入
托宾 Q 值	tobinq	（年末流通股市值 + 非流通股份占净资产的金额 + 长期负债合计 + 短期负债合计）/总资产
产权性质	soe	若最终控制人性质为国有企业取 1，否则取 0。
冗余资源	slack	流动比率、费用收入比率和资产负债率的平均值
行业社会责任投入水平	indu_ CSR	取行业内企业社会责任投入水平的均值
固定资产比率	ppe	固定资产/总资产
公司规模	size	公司总资产的自然对数
存货比例	inv	存货总额/总资产

续表

变量名称	变量符号	变量说明
财务杠杆	lev	总负债/总资产
资产报酬率	roa	利润总额/总资产
股权集中度	shrcr1	公司第一大流通股股东持股比例
股权制衡度	indexZ	公司第一大流通股股东与第二大流通股股东持股比例的比值

（三）模型构建

同上文，采用以下局部调整模型来刻画该动态调整行为，具体如下：

$$CSR_{i,t} = (1-\delta)CSR_{i,t-1} + \beta\delta X + \varepsilon_{i,t} \qquad (4-5)$$

为了验证假设，本节根据企业竞争力变量的均值将样本分为企业竞争力强和企业竞争力弱两个子样本，分别对式（4-5）进行分组检验。根据分组回归后估计出的企业社会责任动态调整速度差异来分析企业竞争力和行业竞争力对于社会责任动态调整行为的影响。式（4-5）即为标准的局部调整模型（Partial Adjustment Model）。本节主要运用该模型刻画企业社会责任的动态调整过程，估计出企业社会责任动态调整速度，同时间接验证企业是否存在目标社会责任水平。式（4-5）的含义为企业会基于自身需要缩小实际社会责任水平与目标社会责任水平的距离（$CSR_{i,t}^{*} - CSR_{i,t-1}$），实际调整的距离为（$CSR_{i,t} - CSR_{i,t-1}$）。系数$\delta$代表调整速度，该数值越大表明调整速度越快。如果$\delta=1$说明企业的实际社会责任水平$CSR_{i,t}$与目标社会责任水平$CSR_{i,t}^{*}$完全一致，$CSR_{i,t}^{*} - CSR_{i,t-1} = CSR_{i,t} - CSR_{i,t-1}$，即企业对实际社会责任水平实施了完全调整，其实际社会责任水平一直处于目标水平状态；如果$\delta=0$说明企业没有对社会责任水平进行过任何调整，实际社会责任水平处于随机游走状态；如果$0<\delta<1$说明企业当期对实际社会责任水平进行了动态调整，实际社会责任水平以一定的调整速度趋近于目标

水平。

在估计方法上，如果用 OLS 估计会导致估计结果产生偏误，因为模型中含有被解释变量的滞后项会和误差项有相关性。因此，本节参照 Arellano 和 Bond（1991）以及 Blundell 和 Bond（1998）提出的动态面板广义矩估计（GMM）对式（4-5）进行估计。由于动态面板模型的解释变量中有因变量的滞后项，不可避免存在内生性问题，如果用传统的估计方法，结果会产生一定的偏误。因此，相比其他方法，GMM 更适合动态面板数据的估计。具体采用差分 GMM 和系统 GMM。

（四）变量描述性统计

表 4-12 是对模型所涉及的所有变量的描述性统计。企业社会责任投入水平（CSR）的均值为 0.024 高于中值 0.001，说明整体上企业社会责任水平在不断提高。行业竞争程度（compet1）均值和中值分别为 2.510 和 1.920，总体而言中国企业的行业竞争是比较激烈的。企业竞争地位（compet2）均值和中值分别为 0.091 和 0.054，标准差为 2.370，说明企业竞争地位差异较大。行业社会责任水平（indu_CSR）的标准差为 0.009，而企业社会责任水平标准差为 0.102，说明行业间的社会责任水平比企业间的社会责任水平差异小一些。其他变量方面：财务杠杆（lev）的均值与中值分别为 0.483 和 0.488，说明样本公司的财务杠杆大概控制在 50% 左右比较合理；股权集中度（shrcr1）的均值为 35.040，说明样本公司第一大股东持股比例的均值为 35.04%，符合中国上市公司股权结构较为集中的特点；股权制衡度（indexZ）指数均值达到 14.820，进一步说明在中国上市公司股权高度集中的结构特征下股权制衡也非常弱；产权性质（soe）的均值为 0.352，说明样本公司中国有企业占比 35.2%。

表4－12　描述性统计

变量	观测值	均值	中值	标准差	最小值	最大值
CSR	8035	0.024	0.001	0.102	0.000	0.211
compet1	8035	2.510	1.920	0.102	0.540	3.580
compet2	8035	0.091	0.054	2.370	-0.590	0.312
soe	8035	0.352	0.000	0.478	0.000	1.000
slack	8035	1.862	1.418	1.369	0.477	5.981
indu_ CSR	8035	0.003	0	0.009	0.000	0.181
lev	8035	0.483	0.488	0.204	0.122	0.835
ppe	8035	0.229	0.199	0.162	0.009	0.566
size	8035	22.030	21.940	1.127	20.160	24.260
inv	8035	0.168	0.128	0.148	0.004	0.578
roa	8035	0.046	0.042	0.046	-0.046	0.141
shrcr1	8035	35.040	33.080	15.470	0.286	89.090
indexZ	8035	14.820	4.848	33.130	1.000	1080.000

　　变量 Pearson 相关系数分析如表4－13所示。结果显示：行业竞争程度
（compet1）与企业社会责任投入变量（CSR）显著正相关，初步说明行业竞
争越激烈，企业越会积极从事社会责任；企业竞争地位（compet2）与企业
社会责任投入显著正相关，初步说明企业竞争地位越高，越会从事社会责
任；冗余资源（slack）与企业社会责任投入变量（CSR）显著正相关，说
明企业的冗余资源越多越会加大社会责任投入水平，印证了 Bourgeois
（1981）的观点，资源越多企业履行社会责任的意愿和能力越强；企业财务
杠杆（lev）与企业社会责任投入变量（CSR）显著负相关，说明负债率较
高的企业较少从事企业社会责任；公司规模（size）与企业社会责任投入
（CSR）显著正相关，说明规模大的企业越积极从事企业社会责任；产权性
质（soe）与企业社会责任投入（CSR）显著正相关，说明在我国国有企业
比私有企业更积极承担社会责任；企业资产报酬率（roa）与企业社会责任

表4-13　主要变量Pearson相关系数

Variables	CSR	compet1	compet2	slack	indu_CSR	lev	ppe	size	inv	soe	roa	shrcr1	indexZ
CSR	1												
compet1	0.369***	1											
compet2	0.006**	0.023**	1										
slack	0.0170**	-0.046	-0.161	1									
indu_CSR	0.160***	0.179***	0.029**	-0.095***	1								
lev	-0.098***	0.024*	0.048*	0.055***	-0.159***	1							
ppe	0.0190*	0.198***	0.122**	0.484***	0.268***	0.425***	1						
size	0.067***	0.105*	0.45*	-0.0060	0.026**	-0.037***	0.0070	1					
inv	-0.020	0.097**	0.892***	-0.013	-0.007	-0.0150	-0.009	0.765***	1				
soe	0.305***	0.079	0.083***	0.173***	-0.166***	0.149***	0.133***	-0.181***	-0.081***	1			
roa	0.396***	0.150***	-0.016	0.085***	-0.141***	0.072***	0.023*	-0.049***	-0.032***	0.237***	1		
shrcr1	0.386***	0.801***	0.914	0.0180	-0.189***	0.050***	-0.059***	-0.048***	-0.0100	0.108***	0.354***	1	
indexZ	-0.018	0.128	0.544	-0.010	-0.024*	-0.007	-0.012	0.716***	0.921***	-0.085***	0.010	0.013	1

注：*、**和***分别表示在10%、5%和1%的水平上显著。

投入（CSR）显著正相关，初步说明企业社会责任投入有利于企业短期绩效的提升；两权分离程度（indexZ）与企业社会责任投入（CSR）负相关，说明一股独大不利于促进企业从事社会责任。此外，所有变量回归系数都在正常范围，说明变量设置无明显技术问题。

本节进一步基于行业竞争程度和企业竞争地位变量的均值将样本划分为：行业竞争程度较高组和行业竞争程度较低组以及企业竞争地位较高组和企业竞争地位较低组。并在此基础上对企业社会责任投入变量 CSR 进行均值和中值的差异检验。检验结果如表 4 - 14 所示。从检验结果可以明显看出：在处于竞争程度高行业的企业，其企业社会责任投入程度的中值和均值都明显高于处于竞争程度低行业的企业；竞争地位高的企业社会责任投入程度的中值和均值都明显高于竞争地位低的企业。

表 4 - 14　主要变量差异检验

变量		行业竞争程度			企业竞争地位		
		高	低	差异检验	高	低	差异检验
CSR	均值	0.0396	0.0301	0.0095 *** (4.103)	0.0309	0.0211	0.0098 *** (4.001)
	中值	0.0361	0.0231	0.013 *** (11.545)	0.0346	0.0203	0.0143 *** (12.001)

注：均值检验采用 t 检验，中值检验采用连续修正后的 χ^2 检验，括号中分别为 t 值和 Pearson χ^2 值；*、** 和 *** 分别表示在 10%、5% 和 1% 的水平上显著。

三、实证结果分析

为了检验不同的行业竞争程度下企业社会责任投入动态调整行为是否存在差异，本节通过将样本按照行业竞争程度划分为高竞争行业组和低竞争行业组进行分组回归检验。表 4 - 15 反映了不同的行业竞争程度下企业社会责任投入动态调整行为的状况。从回归结果中可以看到，在低竞争行业组中，采用差分 GMM（GMM - DIF）估计社会责任投入水平动态调整模型，L. CSR 的系数为 0.262，且在 1% 的水平上显著，说明企业调整社会责任投入水平的速度为 0.738（1 - 0.262）。而在高竞争行业样本组中 L. CSR 的系数为 0.178，且在 1% 的水平上显著，说明企业调整社会责任投入的速度为 0.822（1 - 0.178）。显然，相比处于低竞争行业的企业，处于高竞争行业的企业具有更强的战略性社会责任动机，社会责任投入动态调整速度更快。这说明行业竞争程度是企业社会责任投入动态调整的外部激发因素，行业竞争越激烈，企业动态调整社会责任投入的速度越快，假设得到验证。进一步采用系统 GMM（GMM - SYS）估计社会责任投入动态调整模型，结论不变，依然稳健地支持假设。此外，每组样本的估计都通过了 Sargan 检验和残差序列相关检验（对应的 p 值都大于 0.1），即不存在工具变量过度识别问题和残差序列相关问题，Wald 检验也在 1% 的水平上拒绝了模型系数为零的假设，说明模型整体是显著的。

表 4 - 15　社会责任投入动态调整：基于行业竞争度的分析

变量	低竞争行业组		高竞争行业组	
	GMM - DIF 模型	GMM - SYS 模型	GMM - DIF 模型	GMM - SYS 模型
	(1)	(2)	(3)	(4)
L. CSR	0.262***	0.210***	0.178***	0.185***
	(7.932)	(8.993)	(5.981)	(4.980)
lev	-0.010	-0.013	-0.082***	-0.067***
	(-0.418)	(-0.573)	(-3.618)	(-3.315)
ppe	-0.038	-0.049*	-0.009	-0.011
	(-1.425)	(-1.898)	(-0.345)	(-0.524)

续表

变量	低竞争行业组		高竞争行业组	
	GMM – DIF 模型	GMM – SYS 模型	GMM – DIF 模型	GMM – SYS 模型
	(1)	(2)	(3)	(4)
size	0.016***	0.022***	0.023***	0.017***
	(2.964)	(4.352)	(4.303)	(3.822)
inv	0.038	0.053*	0.069*	0.048
	(1.309)	(1.873)	(1.909)	(1.382)
soe	−0.070**	−0.020	−0.003	0.002
	(−2.346)	(−0.791)	(−0.235)	(0.135)
roa	−0.103*	−0.101*	−0.175***	−0.188***
	(−1.655)	(−1.687)	(−3.548)	(−3.445)
shrcr1	0.001	0.000	0.000	0.000
	(1.341)	(0.555)	(0.184)	(1.368)
indexZ	−0.000	0.000	0.000	0.000
	(−0.199)	(0.119)	(0.749)	(0.258)
indu_ CSR	0.386	0.347	0.865***	0.980***
	(0.902)	(0.835)	(4.748)	(2.849)
slack	−0.000	−0.001	−0.004	−0.004*
	(−0.037)	(−0.298)	(−1.594)	(−1.727)
截距项	−0.288**	−0.403***	−0.403***	0.185***
	(−2.456)	(−3.765)	(−3.427)	(4.980)
Industry/Year	控制	控制	控制	控制
N	2618	3282	2702	3322
Wald	0.000	0.000	0.000	0.000
AR (2) p 值	0.676	0.596	0.654	0.618
Sargan p 值	0.218	0.393	0.169	0.232

注：括号内为 z 值；*、** 和 *** 分别表示在 10%、5% 和 1% 的水平上显著。由于模型中含有滞后一期的因变量，所以样本会减少一年数据，其中由于差分 GMM 模型（GMM – DIF）还会进一步进行差分处理，所以样本会减少两年数据。

为了检验不同的企业竞争力下企业社会责任投入动态调整行为是否存

在差异，本节将样本按照企业竞争力分为竞争力强组和竞争力弱组进行分组回归检验。表 4 - 16 反映了不同的企业竞争力下企业社会责任投入动态调整行为的差异。从回归结果中可以看到，在企业竞争力较弱样本组中，采用差分 GMM（GMM - DIF）估计社会责任投入动态调整模型，L. CSR 的系数为 0. 101，且在 1% 的水平上显著，说明企业调整社会责任投入的速度为0. 899（1 - 0. 101）。而在企业竞争力强样本组中 L. CSR 的系数为 0. 278，且在 1% 的水平上显著，说明企业调整社会责任投入的速度为 0. 722（1 -0. 278）。可见，相比竞争力强的企业，竞争力较弱的企业具有更强的战略性社会责任投入动机，其社会责任投入动态调整速度更快。因此，企业竞争力是企业社会责任投入动态调整的内部驱动因素，企业竞争力越弱，越会快速调整社会责任投入，假设得到验证。为了检验结论的稳健性，进一步采用系统 GMM（GMM - SYS）估计社会责任投入水平动态调整模型，结论不变，支持假设。此外，每组样本的估计都通过了 Sargan 检验和残差序列相关检验（对应的 p 值都大于 0. 1），即不存在工具变量过度识别问题和残差序列相关问题，Wald 检验也在 1% 的水平上拒绝了模型系数为零的假设，说明模型整体是显著的。

表 4 - 16　社会责任投入动态调整：基于企业竞争力的分析

变量	企业竞争力弱组		企业竞争力强组	
	GMM - DIF 模型	GMM - SYS 模型	GMM - DIF 模型	GMM - SYS 模型
	(1)	(2)	(3)	(4)
L. CSR	0. 101 ***	0. 112 ***	0. 278 ***	0. 288 ***
	- 3. 11	- 5. 364	- 8. 141	- 12. 04
lev	- 0. 072 ***	- 0. 077 ***	- 0. 014	- 0. 019
	(- 3. 456)	(- 3. 688)	(- 0. 580)	(- 0. 756)

续表

变量	企业竞争力弱组		企业竞争力强组	
	GMM – DIF 模型	GMM – SYS 模型	GMM – DIF 模型	GMM – SYS 模型
	(1)	(2)	(3)	(4)
ppe	− 0. 015	− 0. 009	− 0. 033	− 0. 057 **
	(− 0. 679)	(− 0. 404)	(− 1. 097)	(− 1. 963)
size	0. 022 ***	0. 024 ***	0. 016 ***	0. 018 ***
	− 4. 422	− 4. 792	− 2. 725	− 3. 315
inv	0. 053 *	0. 049	0. 042	0. 053 *
	− 1. 73	− 1. 588	− 1. 282	− 1. 652
soe	− 0. 022	− 0. 016	− 0. 005	0. 011
	(− 1. 394)	(− 1. 062)	(− 0. 264)	− 0. 621
roa	− 0. 121 **	− 0. 115 **	− 0. 189 ***	− 0. 178 ***
	(− 2. 492)	(− 2. 374)	(− 3. 209)	(− 3. 029)
shrcr1	0. 000	0. 000	0. 000	0. 000
	− 0. 98	− 0. 787	− 0. 696	− 0. 625
indexZ	0. 000	0. 000	0. 000	0. 000
	(− 0. 665)	(− 0. 476)	− 0. 869	− 0. 819
indu_ CSR	1. 035 ***	0. 968 ***	0. 342	0. 411
	− 5. 249	− 5. 011	− 1. 151	− 1. 379
slack	− 0. 005 **	− 0. 006 **	0. 002	0. 001
	(− 2. 119)	(− 2. 301)	− 0. 693	− 0. 291
截距项	− 0. 382 ***	− 0. 416 ***	− 0. 271 **	− 0. 328 ***
	(− 3. 565)	(− 3. 919)	(− 2. 185)	(− 2. 755)
Industry/Year	控制	控制	控制	控制
N	2854	3424	2466	3180
Wald	0. 000	0. 000	0. 000	0. 000
AR (2) p 值	0. 676	0. 694	0. 353	0. 350
Sargan p 值	0. 574	0. 571	0. 126	0. 358

注: 括号内为 z 值; * 、 ** 和 *** 分别表示在 10% 、5% 和 1% 的水平上显著。由于模型中含有滞后一期的因变量,所以样本会减少一年数据,其中,由于差分 GMM 模型(GMM – DIF)还会进一步进行差分处理,所以样本会减少两年数据。

四、研究结论

本节以 2009～2016 年沪深 A 股上市公司为初始样本，结合企业所处的竞争环境，分别检验了行业竞争程度和企业自身竞争力对企业社会责任投入动态调整行为的影响。研究发现：相比处于竞争程度较低行业的企业，处于竞争程度较高行业的企业战略性社会责任投入动机更强，其动态调整速度更快。相比自身竞争力较强的企业，自身竞争力较弱的企业战略性社会责任投入动机更强，其动态调整速度更快。这表明行业竞争程度和企业竞争力分别是企业战略性社会责任投入动态调整行为的外部激发因素和内部驱动因素。

本节的启示在于：目前中国处于经济转轨时期，竞争是每个企业必须面对的挑战，这关系到企业的生存与发展。在竞争的驱动下，企业往往会通过各种方式来壮大自身。对于竞争力不足的企业有更强的动机从事社会责任来增强核心竞争力，从而提高企业价值。对于身处竞争激烈行业的企业，也有较强的动机通过投入社会责任来赢得竞争。良性的竞争能有效促进企业积极从事社会责任，加快社会责任投入动态调整速度。

第四节　高管人文社科教育背景对企业社会责任投入动态调整行为的影响

一、理论分析与假设提出

提升高管团队中人文社科教育背景的高管比例将有利于提高企业社会责任投入动态调整速度。教育对个体的道德发展产生了重要作用（Kohlberg

和 Mayer，1972），同时个体的成长过程伴随着对传统文化的浸润与吸收（郭斯萍和马娇阳，2014）。在中国现代大学教育中，人文社会学科承担着价值观培养的主要任务，不可避免要将道德教化、文化认同渗透在教育的过程中（杨柳新，2008）。作为企业最重要的领导者，高管的伦理道德观很大程度上影响了企业的伦理道德水平。因此，具有人文社科教育背景的高管对企业社会责任更有认同感，更倾向于积极从事社会责任。教育有助于提升高管的个人素质和能力，使企业在激烈的市场竞争中获得优势。Wiersema 和 Bantel（1992）指出高管制定公司战略决策的能力与其受教育状况有关。而且有研究表明管理者的人文社科教育背景有利于增强企业的竞争力。吕晨等（2018）发现高管团队中经济管理类专业的高管可以明显提升企业的创新绩效。李冬伟和吴菁（2017）认为高管教育背景会影响企业的社会责任决策，并发现社会学专业的高管对各种社会问题和现象更关注，法律专业的高管对企业的行为是否违法更敏感，工商管理专业的高管更擅长在战略层面改革企业等。在中国特有的制度与文化背景下，人文社科教育背景一方面强化了企业高管对社会责任的认同感，另一方面有助于提高高管的素质和能力，从而使企业高管能够较好地基于企业价值最大化目标制定社会责任投入决策。因此，适当提升高管团队中人文社科教育背景高管的比例有助于提高企业社会责任投入动态调整速度。据此，提出如下假设：

假设 4 - 5：提升高管团队中人文社科教育背景的高管比例有助于提高企业社会责任投入动态调整速度。

二、研究设计

（一）样本选择和数据来源

本节选取 2009 ~ 2016 年在沪深 A 股上市的公司为初始样本。具体按照以下标准进行样本筛选：①剔除金融类上市公司样本；②删除同时在 B 股或 H 股上市的样本；③剔除 ST 和 ＊ST 上市公司样本；④剔除总资产负债率小于 0 或大于 1 的上市公司样本；⑤剔除社会责任投入额小于 0 的上市公司样本；⑥剔除主要变量有缺失的上市公司样本。最终得到 8035 个有效样本。此外，为了避免极端值的影响，本节对连续变量在总样本上下 1% 的分位上进行缩尾处理。数据来源于 CSMAR 数据库。

（二）变量选择

人文社科教育背景高管比例采用公司高管团队（包括董事、监事、高管）中具有人文社科专业学历的高管人数所占比例来衡量。本节借鉴李增福等（2016）、李四海等（2015）和权小锋等（2015）的做法，采用企业慈善捐赠作为企业社会责任投入的替代变量。社会责任水平（CSR）采用企业慈善捐赠额与资产总额之比来衡量，为了便于研究放大 100 倍。这种做法的依据在于：首先，慈善捐赠是社会责任最原始也是最直接的表现形式，且普遍被公众所熟知；其次，相比欧美发达国家的企业，中国企业认识并主动履行社会责任的时间并不长，多数企业仍以慈善捐赠作为履行社会责任的主要方式；最后，从研究的角度来看，慈善捐赠是直接的资金支出，在财务报告上能直接获取，因此数据更加真实客观。研究发现企业的冗余资源的数量是影响企业从事社会责任的重要因素（Buchholtz 等，1999；Seifert 等，2004）。冗余资源是一种能够帮助企业缓冲内外部环境压力的潜在资源，资源越多企业社会责任的意愿和能力越强（Bourgeois，1981）。借鉴贾兴平和刘益（2014）的做法，取流动比率、费用收入比率和资产负债率的均值来衡量。一个企业的社会责任行为会受到其同行业企业社会责任水平的影响，同行业社会责任水平越高，往往企业越倾向于社会责任行为（Wang 等，2008）。行业社会责任投入水平采用行业内企业捐赠水平的均值来衡量。其余控制变量如下：公司规模（size）、财务杠杆（lev）、股权集中度（shrcr1）、股权制衡度（indexZ）、资产报酬率（roa）、固定资产比率（ppe）、存货比例（inv）等公司治理以及股权结构变量。具体定义如表4-17所示。

表4-17　变量定义

变量名称	变量符号	变量说明
企业社会责任投入水平	CSR	社会责任投入/资产总额×100
人文社科教育背景高管比例	edu	人文社科教育背景高管比例采用公司高管团队（包括董事、监事、高管）中具有人文社科专业学历的高管人数所占比例来衡量
冗余资源	slack	流动比率、费用收入比率和资产负债率的平均值
行业社会责任投入水平	indu_CSR	取行业内企业社会责任水平的均值
固定资产比率	ppe	固定资产/总资产
公司规模	size	公司总资产的自然对数
存货比例	inv	存货总额/总资产
财务杠杆	lev	总负债/总资产
资产报酬率	roa	利润总额/总资产
股权集中度	shrcr1	公司第一大流通股股东持股比例
股权制衡度	indexZ	公司第一大流通股股东与第二大流通股股东持股比例的比值

（三）模型构建

同上文，采用以下局部调整模型来刻画该动态调整行为，具体如下：

$$CSR_{i,t} = (1 - \delta)CSR_{i,t-1} + \beta\delta X + \varepsilon_{i,t} \tag{4-6}$$

为了验证假设，本节基于上市公司人文社科教育背景高管比例，将样本基于人文社科教育背景高管比例的样本均值划分为人文社科教育背景高管比例较高组和人文社科教育背景高管比例较低组，分别对式（4-6）进行分组检验高管教育背景对企业社会责任投入动态调整速度的影响。式（4-6）即为标准的局部调整模型（Partial Adjustment Model）。本节主要运用该模型刻画企业社会责任的动态调整过程，估计出企业社会责任动态调整速度，同时间接验证企业是否存在目标社会责任水平。式（4-6）的含义为企业会基于自身需要缩小实际社会责任水平与目标社会责任水平的距离（$CSR_{i,t}^* - CSR_{i,t-1}$），实际调整的距离为（$CSR_{i,t} - CSR_{i,t-1}$）。系数 δ 代表调整速度，该数值越大表明调整速度越快。如果 $\delta=1$ 说明企业的实际社会责任水平 $CSR_{i,t}$ 与目标社会责任水平 $CSR_{i,t}^*$ 完全一致，$CSR_{i,t}^* - CSR_{i,t-1} = CSR_{i,t} - CSR_{i,t-1}$，即企业对实际社会责任水平实施了完全调整，其实际社会责任水平一直处于目标水平状态；如果 $\delta=0$ 说明企业没有对社会责任水平进行过任何调整，实际社会责任水平处于随机游走状态；如果 $0<\delta<1$ 说明企业当期对实际社会责任水平进行了动态调整，实际社会责任水平以一定的调整速度趋近于目标水平。

为缓解该模型的内生性问题，本节参照（Arellano，1991）以及（Blundell，1998）提出的动态面板广义矩估计（GMM）对式（4-6）进行估计。由于动态面板模型的解释变量中有因变量的滞后项，不可避免地存在内生性问题，如果用传统的估计方法，结果会产生一定的偏误。因此，相比其他方法，GMM 更适合动态面板数据的估计。

（四）变量描述性统计

表 4-18 是对模型所涉及的所有变量的描述性统计。企业社会责任投入水平（CSR）的均值为 0.024 高于中值 0.001，说明整体上企业社会责任水平在不断提高。高管的教育背景（edu）均值和中值分别为 0.415 和 0.233，说明人文社科教育背景的高管比例在不断增高。其他变量方面：财务杠杆（lev）的均值与中值分别为 0.483 和 0.488，说明样本公司的财务杠杆大概

控制在 50% 左右，比较合理；股权集中度（shrcr1）的均值为 35.040，说明样本公司第一大股东持股比例的均值为 35.04%，符合中国上市公司股权结构较为集中的特点；股权制衡（indexZ）指数均值达到 14.820，进一步说明在中国上市公司股权高度集中的结构特征下股权制衡也非常弱。

表 4-18　描述性统计

变量	观测值	均值	中值	标准差	最小值	最大值
CSR	8035	0.024	0.001	0.102	0.000	0.211
edu	8035	0.415	0.233	0.894	0.000	1.000
slack	8035	1.862	1.418	1.369	0.477	5.981
lev	8035	0.483	0.488	0.204	0.122	0.835
ppe	8035	0.229	0.199	0.162	0.009	0.566
size	8035	22.030	21.940	1.127	20.160	24.260
inv	8035	0.168	0.128	0.148	0.004	0.578
roa	8035	0.046	0.042	0.046	-0.046	0.141
shrcr1	8035	35.040	33.080	15.470	0.286	89.090
indexZ	8035	14.820	4.848	33.130	1.000	1080.000

主要变量 Pearson 相关系数分析如表 4-19 所示。结果显示：高管教育背景（edu）与企业社会责任投入（CSR）显著正相关，初步说明具有高管团队中具有人文社科教育背景的高管比例越高，企业越会积极投入社会责任；冗余资源（slack）与企业社会责任投入（CSR）显著正相关，说明企业的冗余资源越多越会加大社会责任投入水平，印证了 Bourgeois（1981）的观点，资源越多企业履行社会责任的意愿和能力越强；企业财务杠杆（lev）与企业社会责任投入（CSR）显著负相关，说明负债率较高的企业较少从事企业社会责任；公司规模（size）与企业社会责任投入（CSR）显著正相关，说明规模大的企业越积极从事企业社会责任；产权性质（soe）与企业社会责任投入（CSR）显著正相关，说明在我国国有企业比私有企业

表 4 - 19　主要变量 Pearson 相关系数

Variables	CSR	edu	slack	lev	ppe	size	inv	roa	shrcrl	indexZ
CSR	1									
edu	0.432***	1								
slack	0.0170	0.540***	1							
lev	-0.098***	0.160**	0.055***	1						
ppe	0.0190*	0.096	0.484***	0.425***	1					
size	0.067***	0.062*	-0.006	-0.037***	0.007	1				
inv	-0.020	0.045	-0.013	-0.0150	-0.009	0.765***	1			
roa	0.396***	0.346	0.085***	0.072***	0.023*	-0.049***	-0.032**	1		
shrcrl	0.386***	0.600*	0.018	0.050***	-0.059***	-0.048***	-0.010	0.354***	1	
indexZ	-0.018	0.810	-0.010	-0.007	-0.012	0.716***	0.921***	0.010	0.013	1

注：*、**和***分别表示在10%、5%和1%的水平上显著。

更积极承担社会责任；企业资产报酬率（roa）与企业社会责任投入（CSR）显著正相关，初步说明企业社会责任投入有利于企业短期绩效的提升；两权分离程度（indexZ）与企业社会责任投入（CSR）负相关，说明一股独大不利于促进企业从事社会责任。此外，所有变量回归系数都在正常范围，说明变量设置无明显技术问题。

本节进一步基于人文社科教育背景高管比例的均值将样本划分为人文社科教育背景高管比例较高组和较低组，并在此基础上对企业社会责任投入变量 CSR 进行均值和中值的差异检验。检验结果如表 4 - 20 所示。从检验结果可以明显看出：在人文社科教育背景高管比例较高的企业中社会责任投入程度的中值和均值都明显高于比例较低的企业。该检验结果初步说明适度提高人文社科教育背景高管比例有利于促进企业社会责任投入。

表 4 - 20　主要变量差异检验

变量		人文社科教育背景高管的比例		
		高	低	差异检验
CSR	均值	0. 0385	0. 0306	0. 0079 ** (2. 152)
	中值	0. 0361	0. 0312	0. 0049 *** (7. 590)

注：均值检验采用 t 检验，中值检验采用连续修正后的 χ^2 检验，括号中分别为 t 值和 Pearson χ^2 值；*、**和***分别表示在 10%、5% 和 1% 的水平上显著。

三、实证结果分析

具有人文社科教育背景的高管对社会责任认可度高，且其战略管理水平也更高。因此，提高高管团队中有人文社科教育背景的高管比例有助于降低企业调整社会责任投入的成本，从而加快调整速度。为此本节将对假设进行实证检验。本节基于上市公司人文社科教育背景高管比例，将样本划分为人文社科教育背景高管比例较高组和人文社科教育背景高管比例较低组，然后对企业社会责任投入动态调整模型进行分组回归分析。表4－21显示了分组回归的结果。从回归结果中可以看到，在人文社科教育背景高管比例较高组中，采用差分 GMM（GMM－DIF）估计社会责任水平动态调整模型，L. CSR 的系数为 0.2948，且在 1% 的水平上显著，说明企业调整社会责任水平的速度为 0.7052（1 － 0.2948）。而在人文社科教育背景高管比例较低组中 L. CSR 的系数为 0.3719，且在 1% 的水平上显著，说明企业调整社会责任水平的速度为 0.6281（1 － 0.3719）。显然，相比人文社科教育背景高管比例较低的企业，人文社科教育背景高管比例较高的企业具有更强的战略性社会责任动机，其社会责任动态调整速度更快。假设得到验证。进一步采用系统 GMM（GMM－SYS）进行回归分析，结论依然稳健支持假设。此外，每组样本的估计都通过了 Sargan 检验和残差序列相关检验（对应的 p 值都大于 0.1），即不存在工具变量过度识别问题和残差序列相关问题，Wald 检验也在 1% 的水平上拒绝了模型系数为零的假设，说明模型整体是显著的。这些检验表明样本估计结果是有效的。

表4－21　高管人文社科教育背景对企业社会责任投入动态调整的影响

变量	人文社科教育背景高管的比例较高		人文社科教育背景高管的比例较低	
	GMM－DIF 模型	GMM－SYS 模型	GMM－DIF 模型	GMM－SYS 模型
	（1）	（2）	（3）	（4）
L. CSR	0.2948 ***	0.3239 ***	0.3719 ***	0.3731 ***
	(10.7102)	(15.3466)	(10.5578)	(14.6461)
lev	－ 0.0008	0.0002	－ 0.0013	－ 0.0052
	（ － 0.1838）	（0.0593）	（ － 0.0573）	（ － 0.2332）

续表

变量	人文社科教育背景高管的比例较高		人文社科教育背景高管的比例较低	
	GMM – DIF 模型	GMM – SYS 模型	GMM – DIF 模型	GMM – SYS 模型
	(1)	(2)	(3)	(4)
ppe	0.0045	− 0.0239	− 0.0266	0.0045
	(0.0642)	(− 0.3380)	(− 0.4017)	(0.0688)
size	− 0.0064	0.0247 *	− 0.0069	− 0.0247 *
	(− 0.4742)	(1.8887)	(− 0.4295)	(− 1.6474)
inv	0.0957 ***	0.1019 ***	− 0.1998 **	− 0.2043 **
	(4.4552)	(4.6713)	(− 2.1759)	(− 2.2366)
roa	− 2.6378 ***	− 3.4903 ***	0.5328	0.2533
	(− 2.7880)	(− 4.1242)	(1.2353)	(0.5880)
shrcr1	− 0.0007	− 0.0015	− 0.0017	− 0.0007
	(− 0.2261)	(− 0.4918)	(− 0.8464)	(− 0.3202)
indexZ	− 0.0977	0.0635	0.1022	− 0.0001
	(− 0.9874)	(0.6486)	(0.9317)	(− 0.0011)
slackw	0.0290 *	0.0169	0.0018	0.0087
	(1.6915)	(0.9701)	(0.0752)	(0.3761)
截距项	0.1944	− 0.5050 *	0.2781	0.5985 *
	(0.6231)	(− 1.6743)	(0.7457)	(1.6832)
N	2943	3858	1866	2818
Wald	0.000	0.000	0.000	0.000
AR（2）p 值	0.465	0.486	0.834	0.854
Sargan p 值	0.419	0.316	0.446	0.467

注：括号内为 z 值；*、** 和 *** 分别表示在 10%、5% 和 1% 的水平上显著。由于模型中含有滞后一期的因变量，所以样本会减少一年数据，其中，由于差分 GMM 模型（GMM – DIF）还会进一步进行差分处理，所以样本会减少两年数据。

四、研究结论

本节以 2009~2016 年沪深 A 股上市公司为初始样本，通过局部调整模型（Partial Adjustment Model）研究企业的社会责任投入动态调整行为在是否会受到人文社科教育背景的高管比例的影响。研究发现：人文社科教育背景的高管比例高的企业比该比例较低的企业在社会责任投入动态调整方面速度更快。这说明人文社科教育在推动企业社会责任方面发挥了积极作用。

本节的启示在于：在中国特有的文化与制度背景下，人文社科教育一方面提高了企业对社会责任的认同感，并最终影响到企业的决策行为。另一方面人文社科教育有助于提高高管的素质和能力，增强企业在激烈竞争环境下的战略决策能力。适当提高人文社科教育背景的高管比例有利于企业更好地基于价值最大化目标快速调整社会责任投入。

第五节　本章小结

本章从企业内部特征的角度分析了影响企业社会责任投入动态调整的因素，具体分为四个部分：

第一部分实证分析了产权性质对企业社会责任投入动态调整的影响，研究发现：相比国有企业，私有企业社会责任投入动态调整速度更快，这表明私有企业从事战略性社会责任的动机更强，期望借助快速动态调整社会责任投入来实现更有效的企业价值增值。这意味着：对于有政治关联的私有企业而言，与政府建立的密切关系能使之更好地权衡社会责任投入产生的成本与收益，降低调整成本，加快调整速度。在引导这类企业积极履行社会责任方面，应当更有针对性，不能单纯停留在道德的驱动上，更要从价值创造的角度引导企业科学、主动地履行社会责任。

第二部分实证分析了政治关联对企业社会责任投入动态调整的影响，研究发现：具有政治关联的私有企业比没有政治关联的私有企业在社会责任投入动态调整方面速度更快。这表明有政治关联的企业一方面由于与政府关系良好能够比较充分地了解政府在社会责任方面的需求，另一方面政府也更倾向于给有政治关联的企业更多稀缺资源，因此这类企业的社会责任投入动态调整成本相对更低，调整速度更快。本章的启示在于：政治关系的影响意味着政府与企业之间信息对称有利于企业更积极地履行社会责任，政企之间需要加强沟通，让企业更明确履行企业社会责任不但能够为社会公众谋福利，也能为自身的发展带来机遇与资源。

第三部分实证分析了竞争对企业社会责任投入动态调整的影响，研究发现：相比处于竞争程度较低行业的企业，处于竞争程度较高行业的企业战略性社会责任投入动机更强，其动态调整速度更快。相比自身竞争力较强的企业，自身竞争力较弱的企业战略性社会责任投入动机更强，其动态调整速度更快。这表明行业竞争程度和企业竞争力分别是企业战略性社会责任投入动态调整行为的外部激发因素和内部驱动因素。竞争的存在有利于企业主动将社会责任纳入自己的战略决策之中。

第四部分实证分析了高管教育背景对企业社会责任投入动态调整的影响，研究发现：人文社科教育背景的高管比例高的企业比该比例低的企业在社会责任投入动态调整方面速度更快。这说明在中国特有的文化与制度背景下，人文社科教育对于强化企业对社会责任的认同以及提高高管素质发挥了积极作用，适当提高人文社科教育背景的高管比例有利于企业更好地基于价值最大化目标快速调整社会责任投入。

第五章 社会责任投入动态调整行为的企业外部影响因素实证分析

本章结合中国的文化与制度背景，主要从儒家文化、法律环境、市场化程度以及地区经济发展水平分析企业社会责任投入动态调整行为的外部影响因素。

第一节 儒家文化对企业社会责任投入动态调整行为的影响

如今中国的经济发展迅速，但是文化的发展却相对较慢。经济与文化的错位会导致企业伦理道德水平下降，滋生许多社会问题，譬如欺骗消费者、环境污染、自然资源过度开采等问题屡屡出现。企业一心追求经济效益，而忽视甚至违背应当履行的社会责任，将有碍中国经济的高质量发展。近年来，政府部门出台了一系列关于企业社会责任的规定，试图通过正式制度来对企业行为进行约束与指导。企业披露的社会责任报告数量大幅增加，从 2006 年仅 33 份报告到 2016 年上升至 1710 份，这在一定程度上说明企业开始逐渐重视社会责任问题。正式制度比较有效地推动了企业社会责任履行，而且相关研究也给予了支持（周中胜等，2012；毕茜等，2015）。但是仅依赖正式制度是不够的。正式制度只是规定了对企业行为的最低要求，而且不健全的正式制度还可能导致"劣币驱逐良币"的现象。如果承担社会责任的企业的合法权益不能得到保障，无法获得应有的社会资本效应，就会导致部分企业无视社会责任，引发企业社会责任履行水平整体降低（陈冬华等，2013）。此时，文化、习俗等非正式制度发挥了重要作用，它们可以弥补正式制度的不足，并为正式制度的完善与作用的发挥提供土壤（Greif，1994；韦伯，1987；诺思，2008）。特别是在中国这种市场机制尚不十分健全、法律环境相对不完善的转型经济国家，非正式制度可能扮演着更加重要的角色。

儒家文化是中国传统文化的重要组成部分，相对稳定地影响了中国社会数千年，对中国人的思想和行为起到了广泛且深刻的隐性约束作用（张维迎，2013）。杜维明（2003）认为，儒家文化不但塑造着中国企业家精神，而且成为中国现代化进程中的重要精神支柱，对社会、经济各个方面都产生了影响。Fu 和 Tsui（2003）也指出，中国企业家的价值观中普遍渗透着儒家思想。具体到企业的经济活动方面，Du（2015，2016）研究发现儒家文化有助于抑制中小股东利益侵占现象，但同时也降低了董事会中女性的占比。古志辉（2015a，2015b）发现儒家文化有助于降低公司代理成本，提高代理效率和企业绩效。金智等（2017）认为儒家文化降低了企业的风险承担水平，而市场化程度和对外开放程度的提高以及私有产权的存在会削弱儒家文化的影响力。这些研究丰富了对儒家文化在现代企业经济活动中所发挥作用的认识，但是总体而言仍只是冰山一角。

儒家文化的核心思想在一些方面与现代企业社会责任理论有相通之处。

企业社会责任认为企业经营通过合法途径赚取利润是合理的，但是不能以追求金钱为唯一目的，强调在生产过程中对人的价值的关注，对环境、消费者、社会有所贡献并与之和谐发展。这与儒家思想中的"不义而富且贵，与我如浮云"（《论语·述而》）、"君子喻于义，小人喻于利"（《论语·里仁》）、"不宝金玉，而忠信以为宝"（《礼记·儒行》）、"天时不如地利，地利不如人和"（《孟子·公孙丑下》）等观点一定程度上不谋而合。而且儒家思想告诫人们"得道者多助，失道者寡助"（《孟子·公孙丑下》），即企业只有主动担负起社会责任，才能得到更多利益相关者的支持，获得可持续发展。那么作为非正式制度的传统儒家文化是否会影响企业社会责任投入行为？

一、制度背景

儒家文化在中国传统文化中占据重要位置。自百家争鸣的春秋时期孔子创立儒家学说，到汉朝董仲舒提出"罢黜百家，独尊儒术"确立儒家学说在中国哲学思想中的统治地位，此后历朝历代不论是官方还是民间都在不断对儒家思想的内涵和地位进行丰富和巩固。具有数千年历史的儒家思想已经渗透到中国传统文化的方方面面，逐渐成为中华文明的重要组成部分。其核心思想"仁""义""信"等观念对中国人的思想、言行都产生了深刻的影响，并且逐渐演变为人们日常所遵循的行为准则和社会规范。即便在受西方思潮冲击的现代中国，儒家思想的影响力依然强健地存在着，如义利兼顾的行为规范、诚实守信的伦理准则、克勤克俭的生活信条、自强不息的进取精神等，都多少与儒家思想有一定的渊源。

儒家文化具有广泛的影响力。历朝历代的官方和民间在全国各地兴建了大量的孔庙、书院等儒家学校，以广泛传播儒家思想。尽管由于战乱、自然灾害等原因，许多儒家学校已被损毁，但现今尚存的遗迹中仅列为国家级重点文物保护单位的只有一百多座。其中部分孔庙、书院至今还会定期举行祭祀活动。此外，儒家学说中的一些经典文献，譬如《论语》《孟子》《诗经》等中的经典篇章一直是中国义务教育的必学内容之一，儒家思想的传承连绵不断。而且儒家文化的传播不仅局限于中国，也远播海外，在日本、韩国、越南等东南亚国家都能看到儒家文化的印记。

儒家文化蕴含着深刻的商业伦理思想。儒家思想中最著名的"义利之辨"即是对商业伦理的最早探讨。日本近代企业之父涩泽荣一（2009）在其著作《论语与算盘》中直接指出"既讲精打细算赚钱之术，也讲儒家的忠恕之道"是企业的主要经营哲学。到了现代，自从 Kahn（1979）指出儒家文化是推动亚洲四小龙经济高速发展的重要原因之后，学术界就儒家文化及其对企业管理的影响展开了深入探讨。杜维明（2003）认为，儒家文化深刻地影响了中国企业家精神，而且逐渐演变成中国现代化进程中的精神支柱，对中国的社会、经济各个方面都产生了重要影响。Fu 和 Tsui（2003）也指出中国企业家的价值观中普遍渗透着儒家思想，且反映在具体的企业管理行为之中。因此，研究传统儒家文化对中国现代企业行为的影响具有重要的理论价值和现实意义。

二、理论分析与假设提出

儒家文化的核心观点与现代企业社会责任理论在很多方面都契合。社会责任认为企业经营通过合法的途径赚取利润是合理的，但是不能以追求金钱为唯一目的，在对股东和员工承担法律责任的同时，还要对消费者、社区和环境负责，强调在生产过程中对人的价值的关注，同时强调对环境、消费者、社会的贡献并与之和谐相处。这其中就暗含着儒家文化中的"仁"

"义""信""忠""和"等观念。子曰"仁者，爱人"（《论语·颜渊》），儒家思想核心理念之一的"仁"即为对他人有仁爱之心。"仁"泛指一切品德，暗含"品德完美"的意思。儒家思想认为，一个人在社会中应遵循其应有的义务，其本质即"爱人"。同样，社会责任要求企业不以追求利润为唯一目的，而是把履行社会责任视为应尽义务。子曰"君子喻于义，小人喻于利"（《论语·里仁》），儒家思想中的另一核心理念"义"即指君子应该关心社会正义而不仅是个人的利益。孟子对"义"的概念进行了更深层次的解释，认为"非其有而取之，非义也"（《孟子·尽心上》），这里"义"暗含着尊重他人所有权的意思。社会责任要求企业尊重并维护股东、员工、消费者、社会公众等利益相关者的权益很明显就是"义"的体现。子曰"不宝金玉，而忠信以为宝"（《礼记·儒行》），儒家思想中的"信"指为人处世诚实无欺，言行一致。一个人若能在言行上做到真实无妄，便能取得他人信任。"诚信"是企业社会责任中的基本要求，唯有诚信经营才能赢得信任与尊重，这是对投资者、消费者等利益相关者最起码的责任。儒家思想中的"忠"包含两层意思：一是下级对上级的"忠"——臣事君以忠；二是人际交往中的"忠"——为人谋而不忠乎。冯友兰（2011）对儒家思想中的"忠"进行了深层次解读，认为为了国家、民族利益尽一己之力即为忠，为他人利益尽一己之力也可谓忠。社会责任思想中要求企业对社会、对国家、对利益相关者负责，即为"忠"的表现。儒家思想中的"和"，取和谐完美之意，即对各相关方的团结、调和、平衡。孟子曰"天时不如地利，地利不如人和"（《孟子·公孙丑下》），普遍和谐是儒家思想中的重要主张，它包含了人与自然界和谐共生的观点，也包含了团结同心的含义。企业的社会责任思想最终追求的就是企业与社会、自然环境的和谐发展。此外，儒家思想鼓励人们多行善事，告诫人们"得道者多助，失道者寡助"（《孟子·公孙丑下》）。企业积极主动地承担起社会责任，将会得到更多利益相关者乃至国家及整个社会的支持，最终获得可持续发展。可见，诞生于数千年前的儒家思想与现代的企业社会责任思想在很多方面都不谋而合。

除了与企业社会责任理论相契合，儒家文化还增强了企业履行社会责任的利他性动机。社会偏好理论对经济人的自利性假设提出了挑战，并采用个人效用函数反映对他人所得的关心，证明了人们不仅关心自己的利益也关心他人利益（Camerer，2004）。个体对社会声誉、社会形象的自我关注是其社会偏好及行为的激励因素之一（Bénabou 和 Tirole，2006）。企业社会责任行为与企业家的社会偏好相关（Bénabou 和 Tirole，2010）。具有社会偏好的企业家更加关心社会公众对其个人的评价，因此其经营的企业往往更倾向于积极承担社会责任（李诗田和宋献中，2015）。社会偏好分为三种类型：利他偏好、互惠偏好和公平偏好。儒家思想中的"义利之辨"本质上是对人的利他性与自利性的讨论，其观点"君子喻于义，小人喻于利"（《论语·里仁》）深刻地指出君子应具有利他性，这正是利他型社会偏好的一种体现。儒家思想对于"仁""义"的推崇与利他偏好是一致的。儒家文化广泛而深入人心的传播有助于促进企业家的利他偏好，进而增强企业履行社会责任的动机。

儒家文化对企业履行社会责任施加了舆论压力。传统文化会对企业形成较强的外部舆论压力，使企业出于舆论压力而做出一些应对举动（毕茜等，2015）。随着时代的发展，中国社会公众的社会责任意识不断增强，要求企业履行社会责任的呼声越来越高。而儒家文化中"义""信"等思想观念更进一步引导人们自觉地履行社会责任，激发了更广泛的社会责任意识，在舆论上形成了对企业社会责任高度关注的氛围。在这种环境下，企业如有违背社会责任的行为，将受到社会舆论的严厉谴责，最终受到市场和监管部门的惩罚，反之则会得到推崇和赞誉，并从中受益。因此，儒家文化越浓厚，公众的社会责任意识越高，从而对企业形成较强的舆论压力，促使企业积极履行社会责任。

儒家文化有利于企业社会责任动态调整成本的降低。儒家文化特别重视"诚""信"，这对于降低企业与其他利益相关者的信息不对称程度发挥了积极作用。研究发现儒家文化可以通过改善企业信息质量来降低企业股价崩盘风险（徐细雄等，2020）。儒家文化有助于交易成本的降低。在普遍诚信程度比较高的市场当中，交易成本往往是比较低的，市场资源配置效率高。而信息不对程以及交易成本是决定企业社会责任动态调整成本的重要因素。因此，儒家文化有利于通过降低社会责任调整成本，来加快其调整速度。

据此，提出如下假设：

假设 5 - 1：儒家文化越浓厚，企业的社会责任投入动态调整速度越快。

三、研究设计

（一）样本选择和数据来源

本节选取 2009 ~ 2016 年在沪深 A 股上市的公司为初始样本。具体按照以下标准进行样本筛选：①剔除金融类上市公司样本；②删除同时在 B 股或 H 股上市的样本；③剔除 ST 和 *ST 上市公司样本；④剔除总资产负债率小于 0 或大于 1 的上市公司样本；⑤剔除慈善捐赠额小于 0 的上市公司样本；⑥剔除主要变量有缺失的上市公司样本。最终得到 8035 个有效样本。儒家文化数据通过手工收集整理获得，具体过程参见变量定义。此外，为了避免极端值的影响，本节对连续变量在总样本上下 1% 的分位上进行缩尾处理。公司财务数据主要来源于 CSMAR 数据库。

（二）变量选择

参照前文的做法，采用企业慈善捐赠刻画企业社会责任行为。具体而言，社会责任水平（CSR）采用企业慈善捐赠额与资产总额之比来衡量，为了便于研究放大 100 倍。这种做法的依据在于：首先，慈善捐赠是社会责任最原始也是最直接的表现形式，且普遍被公众所熟知；其次，相比欧美发达国家的企业，中国企业认识并主动履行社会责任的时间并不长，多数企业仍以慈善捐赠作为履行社会责任的主要方式；最后，从研究的角度来看，慈善捐赠是直接的资金支出，在财务报告上能直接获取，因此数据更加真实客观（李增福等，2016；李四海等，2015；权小锋等，2015）。产权性质为虚拟变量，若最终控制人性质为国有企业则取 1，否则取 0。

儒家文化（confu）。直接度量文化、思想等意识形态的影响力难度较大，而且相关的度量方法也备受争议。以往关于文化的度量方式，主要包括构建指数和问卷调研两种方法。然而儒家文化博大精深，这些方法可能很难客观、全面地反映儒家文化的整体理念，从而难以比较可靠地刻画出儒家文化的影响力。为此本节从儒家文化传播的途径上寻找切入点。儒家文化最重要的特点是通过儒学教育指导人们的行为，最终对整个人文环境形成影响。春秋战国时期，自孔子创立儒家学派之后，主要通过孔子及其传人讲学传播儒家学说。一直到明清时期，书院等官方或半官方性质的学校成为传播儒学的主要场所。到了现代，尽管儒家学校基本不再具有传播儒家学说的作用，但作为儒家文化的重要源头和象征作用依然强健地存在着。因此，儒家学校是衡量儒家文化影响力的重要参考因素。Hilary 和 Hui（2009）通过企业所在地区宗教场所的数量、宗教人口数量来衡量宗教文化对企业的影响力。然而不同于宗教文化，在现代中国，信奉儒家学说的人不一定会像宗教信徒那样定期去孔庙、书院这类古代儒家思想的传播场所，也未必会有规律地参加儒家文化活动，信奉儒学的人群也难以像宗教信徒那样能够比较明确地进行界定。为此本节综合参考陈冬华等（2013）、古志辉（2015）和 Du（2015）的做法，采用地理邻近性度量儒家文化的方法刻画其影响力。具体而言，本节根据目前国务院公布的第一批至第七批全国重点文物保护单位名单手工整理出孔庙和书院遗迹的具体名称和地址①。利用 Google - Earth、百度地图等互联网工具，手工收集每个孔庙以及书院对应的经纬度坐标，并采用同样方法搜集 2009～2016 年上市公司的注册地址并找到相应的经纬度坐标。利用两者的经纬度坐标，计算每家上市公司与国家级重点文物保护单位的孔庙、书院之间的距离。若上市公司注册地一定半径范围内分布的儒家书院数量越多，则表明儒家文化的影响力越强。为了使结果更加稳健，本节采用上市公司注册地半径 100 千米、200 千米范围内的孔庙、书院数量作为衡量儒家文化影响力的代理变量。本节将其加 1 取自然对数进行标准化处理。该指标数值越大意味着企业一定半径内的儒家学校数量越多，即儒家文化的影响力越大，如表 5 - 1 所示。

表 5 - 1　被列为全国重点文物保护单位的孔庙、书院统计

省份	孔庙、书院数目
安徽	8
北京	4
福建	7
甘肃	3

---

① 全国重点文物保护单位是国家文物局对不可移动文物核定的最高级别，均为具有重大历史、艺术、科学价值的历史遗迹。自中华人民共和国成立以来已先后公布了七批全国重点文物保护单位名单，详见：国家文物局网站，http://www.sach.gov.cn/col/col1644/index.html。

续表

省份	孔庙、书院数目
广东	5
广西	3
贵州	5
海南	3
河北	5
河南	8
黑龙江	1
湖南	15
吉林	1
江苏	3
江西	10
辽宁	2
青海	1
山东	5
山西	23
陕西	7
上海	1
四川	9
云南	7
浙江	11
总计	147

资料来源：国家文物局网站，http://www.sach.gov.cn/col/col1644/index.html。

研究发现企业的冗余资源的数量是影响企业从事社会责任的重要因素（Buchholtz 等，1999；Seifert 等，2004）。冗余资源是一种能够帮助企业缓冲内外部环境压力的潜在资源，资源越多企业社会责任的意愿和能力越强（Bourgeois，1981）。借鉴贾兴平和刘益（2014）的做法，取流动比率、费用收入比率和资产负债率的均值来衡量。一个企业的社会责任行为会受到其同行业企业社会责任水平的影响，同行业社会责任水平越高，企业往往越倾向于社会责任行为（Wang 等，2008）。行业社会责任投入水平采用行业内企业捐赠的均值来衡量。其余控制变量如下：公司规模（size）、财务杠杆（lev）、股权集中度（shrcr1）、股权制衡度（indexZ）、资产报酬率（roa）、固定资产比率（ppe）、存货比例（inv）等公司治理以及股权结构变量。具体定义如表 5 - 2 所示。

表 5 - 2　变量定义

变量名称	变量符号	变量说明
企业社会责任投入水平	CSR	社会责任支出/资产总额 × 100
儒家文化	confu100	公司注册地址 100 千米范围内国家重点文物保护单位的儒家学校数量，在此基础上加 1 并取自然对数
	confu200	公司注册地址 200 千米范围内国家重点文物保护单位的儒家学校数量，在此基础上加 1 并取自然对数
冗余资源	slack	流动比率、费用收入比率和资产负债率的平均值
固定资产比率	ppe	固定资产/总资产
公司规模	size	公司总资产的自然对数
存货比例	inv	存货总额/总资产
财务杠杆	lev	总负债/总资产
资产报酬率	roa	利润总额/总资产
股权集中度	shrcr1	公司第一大流通股股东持股比例
股权制衡度	indexZ	公司第一大流通股股东与第二大流通股股东持股比例的比值

（三）模型构建

企业基于目标社会责任水平动态调整实际社会责任投入水平，而这个过程取决于企业本期与上期实际社会责任水平的变化幅度（$CSR_{i,t}$ - $CSR_{i,t-1}$）与企业上期实际社会责任水平偏离目标社会责任水平的幅度

（$CSR_{i,t}^{*} - CSR_{i,t-1}$）的比例，即（$CSR_{i,t} - CSR_{i,t-1}$）/（$CSR_{i,t}^{*} - CSR_{i,t-1}$），这个比例越接近于 1，则表明调整后的社会责任水平越接近于目标水平。本节采用以下模型来刻画该动态调整行为，具体如下：

$$CSR_{i,t} - CSR_{i,t-1} = \delta(CSR_{i,t}^{*} - CSR_{i,t-1}) + \varepsilon_{i,t} \tag{5-1}$$

其中，$CSR_{i,t}^{*}$ 为企业目标社会责任投入水平，由于目标水平不可观测，本节采用影响企业社会责任的因素，并控制公司基本面情况，拟合出公司目标社会责任投入水平。拟合目标社会责任投入水平的模型如下：

$$CSR_{i,t}^{*} = \hat{\alpha} + \hat{\beta}X \tag{5-2}$$

将式（5-2）代入式（5-1），经整理得到式（5-3）。

$$CSR_{i,t} = (1 - \delta)CSR_{i,t-1} + \beta\delta X + \varepsilon_{i,t} \tag{5-3}$$

式（5-3）即为标准的局部调整模型（Partial Adjustment Model）。本节主要运用该模型刻画企业社会责任的动态调整过程。在估计方法上，本节参照 Arellano 和 Bover（1995）以及 Blundell 和 Bond（1998）提出的动态面板广义矩估计（GMM）对式（5-3）进行估计。由于动态面板模型的解释变量中有因变量的滞后项，不可避免地存在内生性问题，如果用传统的估计方法，结果会产生一定的偏误。因此，相比其他方法，GMM 更适合动态面板数据的估计。为了验证假设，本节将样本根据儒家文化变量的均值将样本分为儒家文化强和儒家文化弱两个子样本，分别进行分组检验不同儒家文化强度下企业社会责任投入动态调整速度。

（四）变量描述性统计

表 5-3 是对模型所涉及的所有变量的描述性统计。企业社会责任投入水平（CSR）的均值为 0.024 高于中值 0.001，说明整体上企业社会责任水平在不断提高。儒家文化变量（confu100、confu200）的均值（中值）分别约为 2.898（2.000）和 6.582（7.000），描述了上市公司注册所在地 100 千

米、200 千米半径范围内国家重点文保单位的儒家学校数量分布情况。其他
变量方面：财务杠杆（lev）的均值与中值分别为 0.486 和 0.488，说明样本
公司的财务杠杆大概控制在 50% 左右，比较合理；股权集中度（shrcr1）的
均值为 35.010，说明样本公司第一大股东持股比例的均值为 35.01%，符合
中国上市公司股权结构较为集中的特点；股权制衡（indexZ）指数均值达到
13.900，进一步说明在中国上市公司股权高度集中的结构特征下股权制衡也
非常弱。

表 5 - 3　描述性统计

变量	观测值	均值	中值	标准差	最小值	最大值
CSR	8036	0.024	0.001	0.102	0.0000	0.211
confu100	8036	2.898	2.000	2.602	0.0000	10.000
confu200	8036	6.582	7.000	3.719	0.0000	17.000
slack	8036	1.862	1.418	1.369	0.4170	6.120
lev	8036	0.486	0.488	0.217	0.0560	1.079
ppe	8036	0.233	0.199	0.173	0.0010	0.727
size	8036	22.040	21.940	1.238	19.0900	25.350
roa	8035	0.046	0.042	0.046	- 0.0460	0.141
inv	8036	0.173	0.128	0.165	0.0000	0.770
shrcr1	8036	35.010	33.080	15.290	8.1100	73.750
indexZ	8036	13.900	4.848	24.400	1.0150	152.100

本书进一步基于儒家文化变量的均值将样本划分为儒家文化较强组和
儒家文化较弱组，并在此基础上对企业社会责任投入（CSR）进行中值和均
值的差异检验。表 5 - 4 显示了基于儒家文化影响力强弱对企业社会责任投
入程度的中值和均值所做的差异检验，从检验结果可以明显看出：在儒家
文化影响力强的地区企业社会责任投入程度的中值和均值都明显高于在儒

家文化影响力弱的地区的企业，即便随着半径范围的扩大（从 100 千米半径扩大到 200 千米半径）这种差异依然显著存在。该检验结果初步说明儒家文化有利于促进企业社会责任投入。

表 5-4　主要变量差异检验

变量		儒家文化 confu100			儒家文化 confu200		
		强	弱	差异检验	强	弱	差异检验
csr	均值	0.0389	0.0373	0.0016 *** (4.042)	0.0381	0.0369	0.0012 *** (3.536)
	中值	0.0360	0.0343	0.0017 ** (15.490)	0.0358	0.0344	0.0014 ** (14.013)

注：均值检验采用 t 检验，中值检验采用连续修正后的 χ^2 检验，括号中分别为 t 值和 Pearson χ^2 值；*、**和***分别表示在 10%、5% 和 1% 的水平上显著。

主要变量 Pearson 相关系数分析如表 5-5 所示。结果显示：儒家文化（confu100 以及 confu200）与企业社会责任投入（CSR）显著正相关，初步说明儒家文化氛围越浓厚，企业越会积极从事社会责任；冗余资源（slack）与企业社会责任投入（CSR）显著正相关，说明企业的冗余资源越多越会加大社会责任投入水平，印证了 Bourgeois（1981）的观点，资源越多的企业履行社会责任的意愿和能力越强；企业财务杠杆 Lev 与企业社会责任投入变量 CSR 显著负相关，说明负债率较高的企业较少从事企业社会责任；公司规模（size）与企业社会责任投入（CSR）显著正相关，说明规模越大的企业越积极从事企业社会责任；企业资产报酬率（roa）与企业社会责任投入（CSR）显著正相关，初步说明企业社会责任投入有利于企业短期绩效的提升；两权分离程度（indexZ）与企业社会责任投入（CSR）负相关，说明一股独大不利于促进企业从事社会责任。此外，所有变量回归系数都在正常范围，说明变量设置无明显技术问题。

表 5 - 5　主要变量 Pearson 相关系数

Variables	CSR	confu100	confu200	slack	lev	ppe	size	inv	roa	shrcr1	indexZ
CSR	1										
confu100	0.711**	1									
confu200	0.632**	0.654**	1								
slack	0.0170**	-0.046*	-0.061	1							
lev	-0.098***	0.003**	0.048*	0.055***	1						
ppe	0.0190*	0.361*	0.254**	0.484***	0.425***	1					
size	0.067***	0.415*	0.325	-0.0060	-0.037***	0.00700	1				
inv	-0.020	0.887	0.851	-0.013	-0.0150	-0.009	0.765***	1			
roa	0.396***	0.550	-0.406	0.085***	0.072***	0.023*	-0.049***	-0.032**	1		
shrcr1	0.386***	0.615*	0.552*	0.0180	0.050***	-0.059***	-0.048***	-0.0100	0.354***	1	
indexZ	-0.018	0.318*	0.431	-0.010	-0.007	-0.012	0.716***	0.921***	0.010	0.013	1

注：*、**和***分别表示在10%、5%和1%的水平上显著。

四、实证结果分析

为了检验不同程度的儒家文化氛围下企业社会责任投入动态调整行为是否存在差异，本节通过将样本按照儒家文化强弱程度划分为儒家文化程度高和儒家文化程度低两组进行分组回归检验。表 5 - 6 反映了不同程度的儒家文化氛围下企业社会责任投入动态调整行为的状况。从回归结果中可以看到，在儒家文化程度高样本组中，采用差分 GMM（GMM - DIF）估计社会责任投入水平动态调整模型，L. CSR 的系数为 0. 103，且在 1% 的水平上显著，说明企业调整社会责任投入水平的速度为 0. 897（1 - 0. 103）。而在儒家文化程度低的样本组中 L. CSR 的系数为 0. 153，且在 1% 的水平上显著，说明企业调整社会责任投入的速度为 0. 847（1 - 0. 153）。显然，相比儒家文化程度低的企业，儒家文化程度高的企业具有更强的战略性社会责任动机，社会责任投入动态调整速度更快。这说明儒家文化作为一种非正式制度有效促进了企业社会责任，而且儒家文化程度越高，企业动态调整社会责任投入的速度越快，假设得到验证。进一步采用系统 GMM（GMM - SYS）估计社会责任投入动态调整模型，结论不变，依然稳健地支持假设。此外，每组样本的估计都通过了 Sargan 检验和残差序列相关检验（对应的 p 值都大于 0. 1），即不存在工具变量过度识别问题和残差序列相关问题，Wald 检验也在 1% 的水平上拒绝了模型系数为零的假设，说明模型整体是显著的。

表 5 - 6　儒家文化对企业社会责任投入动态调整的影响（100 千米半径范围）

变量	儒家文化程度高		儒家文化程度低	
	GMM - DIF 模型	GMM - SYS 模型	GMM - DIF 模型	GMM - SYS 模型
	（1）	（2）	（3）	（4）
L. CSR	0. 103 ***	0. 306 ***	0. 153 ***	0. 469 ***
	（6. 583）	（8. 234）	（6. 630）	（29. 86）

续表

变量	儒家文化程度高		儒家文化程度低	
	GMM – DIF 模型	GMM – SYS 模型	GMM – DIF 模型	GMM – SYS 模型
	(1)	(2)	(3)	(4)
lev	− 0. 107 ***	− 0. 0516 *	− 0. 107 **	− 0. 0290
	(− 3. 151)	(− 1. 796)	(− 2. 416)	(− 0. 746)
ppe	− 0. 0825 *	− 0. 0778	− 0. 0322	0. 0498
	(− 1. 908)	(− 1. 427)	(− 0. 633)	(1. 244)
size	0. 0381 ***	0. 0248 ***	0. 0167 *	0. 0196 ***
	(4. 764)	(3. 328)	(1. 759)	(3. 198)
inv	0. 0149	0. 0404	0. 114 *	0. 0828 ***
	(0. 310)	(0. 844)	(1. 748)	(2. 693)
roa	− 0. 210 ***	− 0. 176 *	− 0. 481 ***	− 0. 233 ***
	(− 2. 904)	(− 1. 774)	(− 4. 973)	(− 3. 879)
shrcr1	− 0. 0011 **	− 0. 0005	0. 0011	0. 0005
	(− 1. 980)	(− 0. 872)	(1. 556)	(1. 016)
indexZ	0. 0001	− 0. 0000	0. 0003	0. 0000
	(0. 513)	(− 0. 404)	(1. 201)	(0. 314)
slack	− 0. 0072 **	− 0. 0028 *	− 0. 0055	0. 0027
	(− 2. 505)	(− 1. 821)	(− 1. 390)	(1. 269)
截距项	− 0. 659 ***	− 0. 386 **	− 0. 313	− 0. 394 ***
	(− 3. 669)	(− 2. 482)	(− 1. 468)	(− 2. 925)
N	3396	4725	1023	1879
Wald	0. 000	0. 000	0. 000	0. 000
AR (2) p 值	0. 596	0. 437	0. 518	0. 416
Sargan p 值	0. 218	0. 393	0. 169	0. 232

注：括号内为 z 值；＊、＊＊和＊＊＊分别表示在 10%、5% 和 1% 的水平上显著。由于模型中含有滞后一期的因变量，所以样本会减少一年数据，其中，由于差分 GMM 模型（GMM – DIF）还会进一步进行差分处理，所以样本会减少两年数据。

为了使结果更加稳健，本节采用公司注册地址 200 千米范围内国家重点文保单位的儒家学校数量，在此基础上加 1 并取自然对数来衡量儒家文化程度，并对假设进行检验。表 5-7 反映了不同程度的儒家文化氛围下企业社会责任投入动态调整行为的状况。从回归结果中可以看到，在儒家文化程度高样本组中，采用差分 GMM（GMM-DIF）估计社会责任投入水平动态调整模型，L. CSR 的系数为 0.107，且在 1% 的水平上显著，说明企业调整社会责任投入水平的速度为 0.893（1-0.107）。而在儒家文化程度低的样本组中 L. CSR 的系数为 0.119，且在 1% 的水平上显著，说明企业调整社会责任投入的速度为 0.881（1-0.119）。显然，相比儒家文化程度低的企业，儒家文化程度高的企业具有更强的战略性社会责任动机，社会责任投入动态调整速度更快。这说明儒家文化作为一种非正式制度有效促进了企业社会责任，而且儒家文化程度越高，企业动态调整社会责任投入的速度越快，假设得到验证。进一步采用系统 GMM（GMM-SYS）估计社会责任投入动态调整模型，结论不变，依然稳健地支持假设。此外，每组样本的估计都通过了 Sargan 检验和残差序列相关检验（对应的 p 值都大于 0.1），即不存在工具变量过度识别问题和残差序列相关问题，Wald 检验也在 1% 的水平上拒绝了模型系数为零的假设，说明模型整体是显著的。这些实证结果表明本节结论是比较稳健的。

表 5-7　儒家文化对企业社会责任投入动态调整的影响（200 千米半径范围）

变量	儒家文化程度高		儒家文化程度低	
	GMM-DIF 模型	GMM-SYS 模型	GMM-DIF 模型	GMM-SYS 模型
	(1)	(2)	(3)	(4)
L. CSR	0.107 ***	0.294 ***	0.119 ***	0.507 ***
	(4.345)	(8.624)	(7.822)	(24.64)
lev	-0.168 ***	-0.0442	-0.0855 ***	-0.0916 **
	(-3.132)	(-1.573)	(-2.694)	(-2.247)
pp	-0.0683	-0.0473	-0.0699 *	0.0182
	(-1.131)	(-0.981)	(-1.750)	(0.443)

续表

变量	儒家文化程度高		儒家文化程度低	
	GMM – DIF 模型	GMM – SYS 模型	GMM – DIF 模型	GMM – SYS 模型
	(1)	(2)	(3)	(4)
size	0.0228 *	0.0194 ***	0.0340 ***	0.0302 ***
	(1.952)	(2.823)	(4.619)	(3.636)
inv	0.100	0.0448	0.0249	0.174 ***
	(1.322)	(0.996)	(0.548)	(3.326)
roa	− 0.452 ***	− 0.211 **	− 0.230 ***	− 0.384 ***
	(− 4.509)	(− 2.164)	(− 3.240)	(− 7.142)
shrcr	0.0011	− 0.0001	− 0.0009 *	0.0006
	(1.358)	(− 0.243)	(− 1.676)	(1.471)
indexZ	0.0003	− 0.0000	0.0001	0.0000
	(1.046)	(− 0.563)	(0.711)	(0.399)
slack	− 0.0069	− 0.0026 *	− 0.0065 **	0.0004
	(− 1.640)	(− 1.674)	(− 2.332)	(0.147)
截距项	− 0.403	− 0.286 **	− 0.594 ***	− 0.594 ***
	(− 1.560)	(− 1.995)	(− 3.579)	(− 3.397)
N	4066	5017	1001	1587
Wald	0.000	0.000	0.000	0.000
AR (2) p 值	0.457	0.464	0.579	0.590
Sargan p 值	0.590	0.650	0.398	0.359

注：括号内为 z 值；*、**、***分别表示在10%、5%、1%的水平上显著。由于模型中含有滞后一期的因变量，所以样本会减少一年数据，其中由于差分 GMM 模型（GMM – DIF）还会进一步进行差分处理，所以样本会减少两年数据。

五、研究结论

儒家文化是中国非常重要的传统文化，作为一种非正式制度影响中国社会数千年。本节以中国 2009~2016 年沪深 A 股上市公司为样本，综合运用典籍解读、理论分析和实证检验方法，研究了传统儒家文化对企业社会责任投入动态调整行为的影响。研究结果表明：在儒家文化程度较高的情况下，企业社会责任投入动态调整速度更快，即儒家文化有利于促进企业履行社会责任，加快社会责任投入动态调整速度。

本节启示如下：首先，需要客观地评价儒家文化在现代市场经济发展中所发挥的作用。儒家文化在其核心思想上与企业社会责任理论相契合，有助于提高企业的社会责任意识，促进企业履行社会责任，而且能够弥补现阶段中国部分地区法律环境较差、竞争不足所带来的一些负面影响。其次，不应全盘否定儒家文化的经济价值和实践意义，而应该更加全面、理性和客观地评价儒家文化对现代企业经济活动的影响，取其精华、去其糟粕，结合新的实践和时代要求对儒家文化中有益的部分予以继承和发扬。最后，随着中国经济进入转型阶段，推动经济的高质量发展已成为当务之急，企业社会责任问题变得日益重要。对于企业社会责任的推动不单依赖于正式制度的被动作用，也需要通过儒家文化这样的非正式制度来引导企业自觉主动地履行社会责任。

第二节　法律环境对企业社会责任投入动态调整行为的影响

一、理论分析与假设提出

企业社会责任决策不仅受到公司内部特征的影响，同时也受到外部环境的影响，其中法律环境是非常重要的一个外部环境因素。法律的作用之一是约束经济活动中交易双方的行为，从而使交易得以顺利进行。法律对企业的社会责任的履行范围和内容上提出了最低的要求，譬如诚信经营、安全生产、保护劳动者合法权益等。当今世界各国都在通过立法的形式推动企业更好地履行社会责任。中国也颁布了许多与社会责任相关的法律，像《劳动法》《妇女权益保障法》《消费者权益保护法》《环境保护法》《公司法》《公益事业捐赠法》等，法律法规中都有关于社会责任方面的一些条款与规定。在社会责任信息披露上，中国深交所和上交所也先后出台了强制要求部分上市公司披露社会责任信息的规定；在披露范围、披露内容、披露格式等方面都有详细的要求。法律法规以正式制度的形式借助国家强制力对企业的社会责任行为的履行提出了要求，从客观上提高了企业履行社会责任的意愿以及程度。

法律环境的改善有助于降低企业社会责任投入动态调整的成本，加快企业社会责任调整速度，促进社会责任投入结构的优化。良好的法律环境有助于降低交易双方信息不对称程度，从而降低交易成本（邹萍和厉国威，2016）。企业的社会责任投入结构本质上是有限资源在社会责任与传统投资项目之间的分配。投资者要进行交易，首先就要了解投资对象的情况，投资对象提供的信息数量越少、质量越低，投资方和被投资方的信息不对称程度越严重，由投资者承担的交易成本就会上升（陈国文，2003）。法律的作用在于可以通过规定披露信息是上市公司的义务使对于信息有充分了解的上市公司承担部分交易成本，通过交易成本在投资者和上市公司间的配置来实现交易成本的降低。相关的法律制度越健全，交易成本越低。例如我国的《证券法》中规定了上市公司信息披露的内容和形式以及对信息披露不实的法律责任等。《证券法》之所以特别强调信息披露，是因为证券是一种极为复杂的金融产品，证券价格中包含着丰富的信息，但是这种信息在上市公司和投资者间是不对称的，作为信息提供方，公司掌握了所有相关信息，而投资者掌握的信息非常有限。随着资本市场的复杂化，交易中信息不对称问题会更加突出，法律环境的完善有助于降低信息获取成本、促进信息对称，进而降低交易成本。交易成本是企业社会责任投入调整成本的主要组成部分，企业社会责任投入的调整成本越低，社会责任投入动态调整受到的阻碍越小，调整速度越快，实际社会责任水平更加趋近于最优社会责任水平。因此，法律环境的改善能够降低社会责任投入调整成本，加快社会责任投入的调整速度。据此，提出如下假设：

假设 5－2：法律环境越好，企业社会责任投入动态调整速度越快。

二、研究设计

（一）样本选择和数据来源

本节选取 2009～2016 年在沪深 A 股上市的公司为初始样本。具体按照以下标准进行样本筛选：①剔除金融类上市公司样本；②删除同时在 B 股或 H 股上市的样本；③剔除 ST 和 *ST 上市公司样本；④剔除总资产负债率小于 0 或大于 1 的上市公司样本；⑤剔除慈善捐赠额小于 0 的上市公司样本；⑥剔除主要变量有缺失的上市公司样本。最终得到 5839 个有效样本。此外，为了避免极端值的影响，本节对连续变量在总样本上下 1% 的分位上进行缩尾处理。财务数据来源于 CSMAR 数据库。法律环境数据来源于王小鲁等（2017）的《中国分省份市场化指数报告》。

（二）模型构建

同上文，采用以下局部调整模型来刻画该动态调整行为，具体如下：

$$CSR_{i,t} = (1 - \delta)CSR_{i,t-1} + \beta\delta X + \varepsilon_{i,t} \qquad (5-4)$$

式（5－4）即为标准的局部调整模型（Partial Adjustment Model）。本节主要运用该模型刻画企业社会责任的动态调整过程。在估计方法上，本书参照 Arellano 和 Bover（1995）以及 Blundell 和 Bond（1998）提出的动态面板广义矩估计（Generalized Method of Moment，GMM）对式（5 - 4）进行估计。由于动态面板模型的解释变量中有因变量的滞后项，不可避免地存在内生性问题，如果用传统的估计方法，结果会产生一定的偏误。因此，相比其他方法，GMM 更适合动态面板数据的估计。为了验证假设，本节将样本分为法律环境较好和法律环境较差两个子样本，分别进行分组检验不同法律环境下企业社会责任投入动态调整速度。

（三）变量选择

对于法律环境，本节采用王小鲁等（2017）公布的市场中介组织的发育和法律制度环境评分作为衡量指标，该指标越大表明当地法律环境越好。由于该评分只截止到 2014 年，所以研究法律环境的影响时样本年度也只截止到 2014 年。

本节借鉴李增福等（2017）和李四海等（2015）的做法，采用企业慈善捐赠刻画企业社会责任行为。具体而言，社会责任水平（CSR）采用企业慈善捐赠额与资产总额之比来衡量，为了便于研究放大 100 倍。这种做法的依据在于：首先，慈善捐赠是社会责任最原始也是最直接的表现形式，且普遍被公众所熟知；其次，相比欧美发达国家的企业，中国企业认识并主动履行社会责任的时间并不长，多数企业仍以慈善捐赠作为履行社会责任的主要方式；最后，从研究的角度来看，慈善捐赠是直接的资金支出，在财务报告上能直接获取，因此，数据更加真实客观。产权性质为虚拟变量，若最终控制人性质为国有企业则取 1，否则取 0。

在控制变量方面，研究发现企业的冗余资源的数量是影响企业从事社会责任的重要因素（Buchholtz 等，1999；Seifert 等，2004）。冗余资源是一种能够帮助企业缓冲内外部环境压力的潜在资源，资源越多企业社会责任的意愿和能力越强（Bourgeois，1981）。借鉴贾兴平和刘益（2014）的做法，取流动比率、费用收入比率和资产负债率的均值来衡量。一个企业的社会责任行为会受到其同行业企业社会责任水平的影响，同行业社会责任水平越高，往往企业越倾向于社会责任（Wang 等，2008）。行业社会责任投入水平采用行业内企业社会责任投入水平的均值来衡量。其余控制变量如下：公司规模（size）、财务杠杆（lev）、股权集中度（shrcr1）、股权制衡度（indexZ）、资产报酬率（roa）、固定资产比率（ppe）、存货比例（inv）等公司治理以及股权结构变量。具体定义如表 5 - 8 所示。

表 5 - 8　变量定义

变量名称	变量符号	变量说明
企业社会责任投入水平	CSR	社会责任支出/资产总额×100
法律环境	Law	采用王小鲁等（2017）公布的市场中介组织的发育和法律制度环境评分衡量
冗余资源	slack	流动比率、费用收入比率和资产负债率的平均值
固定资产比率	ppe	固定资产/总资产
公司规模	size	公司总资产的自然对数
存货比例	inv	存货总额/总资产
财务杠杆	lev	总负债/总资产
资产报酬率	roa	利润总额/总资产
股权集中度	shrcr1	公司第一大流通股东持股比例
股权制衡度	indexZ	公司第一大流通股股东与第二大流通股股东持股比例的比值

（四）变量描述性统计

表 5 - 9 是对模型所涉及的所有变量的描述性统计。企业社会责任投入水平 CSR 的均值为 0.087 高于中值 0.001，说明整体上企业社会责任水平在不断提高。法律环境 law 的标准差达到了 4.731，最大值为 19.890，最小值

为 0.180，说明中国各地区的法律环境状况差异较大，有些地区法律环境比较完善，但有些地区并不乐观。其他变量方面：财务杠杆（lev）的均值与中值分别为 0.488 和 0.492，说明样本公司的财务杠杆大概控制在 50% 左右，比较合理；股权集中度（shrcr1）的均值为 35.590，说明样本公司第一大股东持股比例的均值为 35.59%，符合中国上市公司股权结构较为集中的特点；股权制衡度（indexZ）指数均值达到 14.960，进一步说明在中国上市公司股权高度集中的结构特征下股权制衡度也非常弱。

表 5 - 9　描述性统计

变量	观测值	均值	中值	标准差	最小值	最大值
CSR	5839	0.087	0.001	0.290	0.000	2.007
law	5839	9.178	7.470	4.731	0.180	19.890
slack	5839	2.087	1.410	2.231	0.201	13.990
lev	5839	0.488	0.492	0.220	0.056	1.079
ppe	5839	0.235	0.203	0.170	0.001	0.727
size	5839	21.880	21.780	1.202	19.090	25.350
roa	5839	0.056	0.077	3.648	-0.057	0.136
inv	5839	0.179	0.136	0.166	0.000	0.770
shrcr1	5839	35.590	33.960	15.370	8.110	73.750
indexZ	5839	14.960	5.060	26.090	1.015	152.100

本节进一步基于法律环境变量的均值将样本划分为法律环境较好组和法律环境较差组，并在此基础上对企业社会责任投入变量 CSR 进行均值和中值的差异检验。检验结果如表 5 - 10 所示。从检验结果可以明显看出：在法律环境较好的地区企业社会责任投入程度的中值和均值都明显高于法律环境较差地区的企业。该检验结果初步说明法律环境的改善有利于促进企业社会责任投入。

表 5 - 10　主要变量差异检验

变量		法律环境		
		较好	较差	差异检验
CSR	均值	0.0389	0.0237	0.0152 *** (4.152)
	中值	0.0357	0.0225	0.0132 *** (13.590)

注：均值检验采用 t 检验，中值检验采用连续修正后的 χ^2 检验，括号中分别为 t 值和 Pearson χ^2 值；*、**和***分别表示在 10%、5% 和 1% 的水平上显著。

　　主要变量 Pearson 相关系数分析如表 5 - 11 所示。结果显示：法律环境（law）与企业社会责任投入变量（CSR）显著正相关，初步说明法律环境越好，企业越会积极从事社会责任；冗余资源（slack）与企业社会责任投入（CSR）显著正相关，说明企业的冗余资源越多越会加大社会责任投入水平，印证了 Bourgeois（1981）的观点，资源越多企业履行社会责任的意愿和能力越强；企业财务杠杆（lev）与企业社会责任投入（CSR）显著负相关，说明负债率较高的企业较少从事企业社会责任；公司规模（size）与企业社会责任投入（CSR）显著正相关，说明规模越大的企业越积极从事企业社会责任；企业资产报酬率（roa）与企业社会责任投入（CSR）显著正相关，初步说明企业社会责任投入有利于企业短期绩效的提升；两权分离程度（indexZ）与企业社会责任投入（CSR）负相关，说明一股独大不利于促进企业从事社会责任。此外，所有变量回归系数都在正常范围，说明变量设置无明显技术问题。

三、实证结果分析

　　为了检验不同的法律环境下企业社会责任投入动态调整行为是否存在差异，本节通过将样本划分为法律环境好和法律环境差两组进行分组回归检

表 5 – 11　主要变量 Pearson 相关系数

Variables	CSR	Law	slack	lev	ppe	size	inv	roa	shrcr1	indexZ
CSR	1									
law	0.803**	1								
slack	0.024*	-0.123*	1							
lev	-0.0170*	0.056**	0.650***	1						
ppe	0.158***	0.418*	0.741***	0.892***	1					
size	0.0190*	0.594*	-0.0100	-0.0150	-0.0170	1				
inv	0.0060	0.993*	0.064***	0.027*	0.0220	0.211***	1			
roa	0.325***	0.742***	-0.025*	-0.0230	-0.0230	-0.057***	0.094***	1		
shrcr1	0.241***	0.731	-0.0050	0.0010	0.0040	-0.698***	-0.0190	0.186***	1	
indexZ	-0.030**	0.347*	-0.0010	-0.0100	-0.0070	-0.037*	-0.105***	0.169***	-0.063***	1

注：*、**和***分别表示在 10%、5%和 1%的水平上显著。

验。表 5 – 12 反映了不同的法律环境下企业社会责任投入动态调整行为的状况。从回归结果中可以看到，在法律环境相对较差的样本组中，采用差分 GMM（GMM – DIF）估计社会责任投入水平动态调整模型，L. CSR 的系数为 0.298，且在 1% 的水平上显著，说明企业调整社会责任投入水平的速度为 0.702（1 – 0.298）。而在法律环境相对较好的样本组中，L. CSR 的系数为 0.197，且在 1% 的水平上显著，说明企业调整社会责任投入的速度为 0.803（1 – 0.197）。显然，相比处于法律环境较差的企业，处于法律环境较好的企业具有更强的战略性社会责任动机，社会责任投入动态调整速度更快。这说明法律环境有利于降低交易成本，能有效促进企业社会责任，而且法律环境越好，企业动态调整社会责任投入的速度越快，假设得到验证。进一步采用系统 GMM（GMM – SYS）估计社会责任投入动态调整模型，结论不变，依然稳健地支持假设。此外，每组样本的估计都通过了 Sargan 检验和残差序列相关检验（对应的 p 值都大于 0.1），即不存在工具变量过度识别问题和残差序列相关问题，Wald 检验也在 1% 的水平上拒绝了模型系数为零的假设，说明模型整体是显著的。

表 5 – 12　法律环境对企业社会责任投入动态调整的影响

变量	法律环境差		法律环境好	
	GMM – DIF 模型	GMM – SYS 模型	GMM – DIF 模型	GMM – SYS 模型
	(1)	(2)	(3)	(4)
L. CSR	0.298 ***	0.643 ***	0.197 ***	0.538 ***
	(8.435)	(62.06)	(7.659)	(50.30)
lev	– 0.0541 **	– 0.0690 ***	– 0.120 **	– 0.103 *
	(– 2.067)	(– 3.702)	(– 2.189)	(– 1.918)
ppe	– 0.0656	– 0.0455 **	– 0.0170	0.0020
	(– 1.387)	(– 2.313)	(– 0.277)	(0.0490)

续表

变量	法律环境差		法律环境好	
	GMM – DIF 模型	GMM – SYS 模型	GMM – DIF 模型	GMM – SYS 模型
	(1)	(2)	(3)	(4)
size	0.0212 ***	0.0225 ***	0.0205 *	0.0323 ***
	(3.092)	(8.058)	(1.748)	(5.693)
inv	0.0616	− 0.0044	0.119	0.100 ***
	(1.312)	(− 0.214)	(1.612)	(3.041)
roa	− 0.219 **	− 0.255 ***	− 0.542 ***	− 0.278 ***
	(− 2.283)	(− 4.889)	(− 5.031)	(− 4.242)
shrcr1	− 0.000	− 0.000 *	0.001	0.001 *
	(− 0.599)	(− 1.768)	(1.393)	(1.847)
indexZ	− 0.000	− 0.000	0.000	0.000
	(− 0.836)	(− 0.619)	(1.159)	(1.454)
slack	− 0.0029 **	− 0.0010	− 0.0052	− 0.0016
	(− 2.000)	(− 0.509)	(− 1.218)	(− 0.759)
截距项	− 0.377 ***	− 0.335 ***	− 0.408	− 0.642 ***
	(− 2.633)	(− 5.776)	(− 1.575)	(− 5.454)
N	2912	3514	917	1110
Wald	0.000	0.000	0.000	0.000
AR(2) p 值	0.697	0.709	0.547	0.591
Sargan p 值	0.457	0.654	0.391	0.476

注：括号内为 z 值；*、** 和 *** 分别表示在 10%、5% 和 1% 的水平上显著。由于模型中含有滞后一期的因变量，所以样本会减少一年数据，其中，由于差分 GMM 模型（GMM – DIF）还会进一步进行差分处理，所以样本会减少两年数据。

四、研究结论

良好的法律环境可以为企业营造稳定可靠的经营环境，同时也会推动企业履行社会责任。因此，法律环境的改善对于企业社会责任投入行为可以起到积极的影响。本节以中国 2009～2016 年沪深 A 股上市公司为样本，研究了法律环境对企业社会责任投入动态调整行为的影响。研究结果表明：在法律环境较好的情况下，企业社会责任投入动态调整速度更快，即良好的法律环境有利于促进加快社会责任调整速度。

本节的启示在于：法律环境对于优化企业社会责任投入水平起到了积极作用，良好的法律环境有助于维护市场的良性运行，降低社会责任投入的调整成本。目前，我国的法律制度还存在较多缺陷，为了给企业营造一个良好的发展环境，使之积极从事社会责任，并快速优化社会责任投入水平，需要加快完善法律制度的脚步。为此，一方面需要不断加快完善法律制度，另一方面要提高司法部门的执法效果与执法力度，从而提高法律环境的整体水平。

第三节　市场化程度环境对企业社会责任投入动态调整行为的影响

一、理论分析与假设提出

企业履行社会责任的主动性与程度，往往与市场压力有关（周浩和汤丽荣，2015）。任何社会主体都存在于相应的市场环境之中，不同的市场环境影响着企业的战略决策动机。随着中国改革开放和市场化进程的深入，市场结构发生了从卖方市场向买方市场的过渡、由政府主导型经济向市场主导型经济的深刻变化。某地区的市场化程度可以表明政府对经济的干预程度。由于中国的特殊国情，各级政府都拥有对关键资源的自由裁量权，同时扮演着对经济行为审批、管制的市场裁判角色。根据社会交换理论，企业出于对外部性资源的稳定性需求，会制定相关企业战略，以寻求利益相关者的认可与支持，从而保证资源的可获得性，而社会责任恰好提供了这一渠道。在市场化程度较高的地区，政府对于经济活动的干预变少，市场中的消费者和投资者对企业经营决策的影响力较高。这将促使企业从更长远角度思考企业社会责任政策，将积极履行社会责任纳入战略规划来实现差异化竞争，如生产绿色环保产品、开展公益营销等。而在市场化程度较低的地区，企业更倾向于把社会责任看作是一个与支出相关、应对社会压力的门面工程，企业履行社会责任更可能表现为与战略无关的作秀之举。此外，在市场化程度较高的地区，信息不对称以及交易成本都会相对较低，从而有利于企业社会责任投入动态调整成本的降低。因此，市场化程度越高越有利于企业加快社会责任投入动态调整速度。据此，提出如下假设：

假设 5 - 3：市场化程度越高，企业社会责任投入动态调整速度越快。

二、研究设计

（一）样本选择和数据来源

本节选取 2009 ~ 2016 年在沪深 A 股上市的公司为初始样本。具体按照以下标准进行样本筛选：①剔除金融类上市公司样本；②删除同时在 B 股或 H 股上市的样本；③剔除 ST 和 *ST 上市公司样本；④剔除总资产负债率小于 0 或大于 1 的上市公司样本；⑤剔除慈善捐赠额小于 0 的上市公司样本；⑥剔除主要变量有缺失的上市公司样本。最终得到 5839 个有效样本。此外，为了避免极端值的影响，本节对连续变量在总样本上下 1% 的分位上进行缩尾处理。财务数据来源于 CSMAR 数据库。市场化程度数据来源于王小鲁等（2017）的《中国分省份市场化指数报告》。

（二）模型构建

同上文，采用以下局部调整模型来刻画该动态调整行为，具体如下：

$$CSR_{i,t} = (1 - \delta) CSR_{i,t-1} + \beta \delta X + \varepsilon_{i,t} \tag{5-5}$$

式（5-5）即为标准的局部调整模型（Partial Adjustment Model）。本节主要运用该模型刻画企业社会责任的动态调整过程。在估计方法上，本节参照 Arellano 和 Bover（1995）以及 Blundell 和 Bond（1998）提出的动态面板广义矩估计（GMM）对式（5-5）进行估计。由于动态面板模型的解释变量中有因变量的滞后项，不可避免地存在内生性问题，如果用传统的估计方法，结果会产生一定的偏误。因此，相比其他方法，GMM 更适合动态面板数据的估计。为了验证假设，本书将样本分为市场化程度较高和市场化程度较低两个子样本分别进行分组检验。

（三）变量选择

对于市场化程度，本节采用王小鲁等（2017）公布的市场化总指数评分作为衡量指标，该指标越大表明当地市场化程度高。由于该评分只截止到 2014 年，所以样本年度也只截止到 2014 年。借鉴李增福等（2017）和李四海等（2015）的做法，采用企业慈善捐赠刻画企业社会责任行为。具体而言，社会责任水平（CSR）采用企业慈善捐赠额与资产总额之比来衡量，为了便于研究放大 100 倍。这种做法的依据在于：首先，慈善捐赠是社会责任最原始也是最直接的表现形式，且普遍被公众所熟知；其次，相比欧美发达国家的企业，中国企业认识并主动履行社会责任的时间并不长，多数企业仍以慈善捐赠作为履行社会责任的主要方式；最后，从研究的角度来看，慈善捐赠是直接的资金支出，在财务报告上能直接获取，因此数据更加真实客观。产权性质为虚拟变量，若最终控制人性质为国有企业则取 1，否则取 0。

在控制变量方面，研究发现企业的冗余资源的数量是影响企业从事社会责任的重要因素（Buchholtz 等，1999；Seifert 等，2004）。冗余资源是一种能够帮助企业缓冲内外部环境压力的潜在资源，资源越多企业社会责任的意愿和能力越强（Bourgeois，1981）。借鉴贾兴平和刘益（2014）的做法，取流动比率、费用收入比率和资产负债率的均值来衡量。一个企业的社会责任行为会受到其同行业企业社会责任水平的影响，同行业社会责任水平越高，往往企业越倾向于社会责任（Wang 等，2008）。行业社会责任投入水平采用行业内企业捐赠的均值来衡量。其余控制变量如下：公司规模（size）、财务杠杆（lev）、股权集中度（shrcr1）、股权制衡度（indexZ）、资产报酬率（roa）、固定资产比率（ppe）、存货比例（inv）等公司治理以及股权结构变量。具体定义如表 5 - 13 所示。

表 5 - 13　变量定义

变量名称	变量符号	变量说明
企业社会责任投入水平	CSR	社会责任支出/资产总额×100
市场化程度	law	采用王小鲁等（2017）公布的市场化总指数评分衡量
冗余资源	slack	流动比率、费用收入比率和资产负债率的平均值
固定资产比率	ppe	固定资产/总资产
公司规模	size	公司总资产的自然对数
存货比例	inv	存货总额/总资产
财务杠杆	lev	总负债/总资产
资产报酬率	roa	利润总额/总资产
股权集中度	shrcr1	公司第一大流通股股东持股比例
股权制衡度	indexZ	公司第一大流通股股东与第二大流通股股东持股比例的比值

（四）变量描述性统计

表 5 - 14 是对模型所涉及的所有变量的描述性统计。企业社会责任投入

水平 CSR 的均值为 0.087 高于中值 0.001，说明整体上企业社会责任水平在不断提高。市场化程度 market 的标准差为 1.990，说明中国各地的市场化程度差异较大。其他变量方面：财务杠杆（lev）的均值与中值分别为 0.488 和 0.492，说明样本公司的财务杠杆大概控制在 50% 左右比较合理；股权集中度（shrcr1）的均值为 35.590，说明样本公司第一大股东持股比例的均值为 35.59%，符合中国上市公司股权结构较为集中的特点；股权制衡（indexZ）指数均值达到 14.960，进一步说明在中国上市公司股权高度集中的结构特征下股权制衡也非常弱。

表 5 – 14　描述性统计

变量	观测值	均值	中值	标准差	最小值	最大值
CSR	5839	0.087	0.001	0.290	0.000	2.007
market	5839	5.941	5.990	1.990	- 0.300	9.950
slack	5839	2.087	1.410	2.231	0.201	13.990
lev	5839	0.488	0.492	0.220	0.0560	1.079
ppe	5839	0.235	0.203	0.170	0.0010	0.727
size	5839	21.880	21.780	1.202	19.090	25.350
roa	5839	0.056	0.077	3.648	- 0.057	0.136
inv	5839	0.179	0.136	0.166	0.000	0.770
shrcr1	5839	35.590	33.960	15.370	8.110	73.750
indexZ	5839	14.960	5.060	26.090	1.015	152.100

本节进一步基于市场化程度变量的均值将样本划分为市场化程度较高组和市场化程度较低组，并在此基础上对企业社会责任投入变量 CSR 进行均值和中值的差异检验。检验结果如表 5 – 15 所示。从检验结果可以明显看出：在市场化程度较高的地区企业社会责任投入程度的中值和均值都明显

高于市场化程度较低地区的企业。该检验结果初步说明市场化程度的提高有利于促进企业社会责任的投入。

表 5 - 15　主要变量差异检验

变量		市场化程度		
		高	低	差异检验
CSR	均值	0.0367	0.0298	0.0069*** (5.152)
	中值	0.0346	0.0281	0.0065*** (16.590)

注：均值检验采用 t 检验，中值检验采用连续修正后的 χ^2 检验，括号中分别为 t 值和 Pearson χ^2 值；*、**和***分别表示在 10%、5% 和 1% 的水平上显著。

主要变量 Pearson 相关系数分析如表 5 - 16 所示。结果显示：法律环境（law）与企业社会责任投入变量（CSR）显著正相关，初步说明法律环境越好，企业越会积极从事社会责任；冗余资源（slack）与企业社会责任投入（CSR）显著正相关，说明企业的冗余资源越多越会加大社会责任投入水平，印证了 Bourgeois（1981）的观点，资源越多企业履行社会责任的意愿和能力越强；企业财务杠杆（lev）与企业社会责任投入（CSR）显著负相关，说明负债率较高的企业较少从事企业社会责任；公司规模（size）与企业社会责任投入（CSR）显著正相关，说明规模越大的企业越积极从事企业社会责任；两权分离程度（indexZ）与企业社会责任投入（CSR）负相关，说明一股独大不利于促进企业从事社会责任。此外，所有变量回归系数都在正常范围，说明变量设置无明显技术问题。

三、实证结果分析

为了检验不同的市场化程度下企业社会责任投入动态调整行为是否存在

表 5 - 16　主要变量 Pearson 相关系数

Variables	CSR	market	slack	lev	ppe	size	inv	roa	shrcrl	indexZ
CSR	1									
market	0.803**	1								
slack	0.024*	-0.123*	1							
lev	-0.0170*	0.056**	0.650***	1						
ppe	0.158***	0.418*	0.741***	0.892***	1					
size	0.0190*	0.594*	-0.0100	-0.0150	-0.0170	1				
inv	0.0060	0.993*	0.064***	0.027*	0.0220	0.211***	1			
roa	0.325***	0.742***	-0.025*	-0.0230	-0.0230	-0.057***	0.094***	1		
shrcrl	0.241***	0.731	-0.0050	0.0010	0.0040	-0.698***	-0.0190	0.186***	1	
indexZ	-0.030**	0.347*	-0.0010	-0.0100	-0.0070	-0.037*	-0.105***	0.169***	-0.063***	1

注：*、**和***分别表示在10%、5%和1%的水平上显著。

差异，本节通过将样本划分为市场化程度高和市场化程度低两组进行分组
回归检验。表 5 - 17 反映了不同的市场化程度下企业社会责任投入动态调整
行为的状况。从回归结果中可以看到，在市场化程度低的样本组中，采用
差分 GMM（GMM - DIF）估计社会责任投入水平动态调整模型，L. CSR 的
系数为 0.323，且在 1% 的水平上显著，说明企业调整社会责任投入水平的
速度为 0.677（1 - 0.323）。而在市场化程度高的样本组中 L. CSR 的系数为
0.282，且在 1% 的水平上显著，说明企业调整社会责任投入的速度为 0.718
（1 - 0.282）。显然，相比处于市场化程度低的企业，处于市场化程度高的
企业具有更强的战略性社会责任动机，社会责任投入动态调整速度更快。
这说明提高市场化程度能有助于提高企业战略性社会责任的动机，而且市
场化程度越高，企业动态调整社会责任投入的速度越快，假设得到验证。
进一步采用系统 GMM（GMM - SYS）估计社会责任投入动态调整模型结论
不变，依然稳健地支持假设。此外，每组样本的估计都通过了 Sargan 检验
和残差序列相关检验（对应的 p 值都大于 0.1），即不存在工具变量过度识
别问题和残差序列相关问题，Wald 检验也在 1% 的水平上拒绝了模型系数
为零的假设，说明模型整体是显著的。

表 5 - 17　市场化程度对企业社会责任投入动态调整的影响

变量	市场化程度低		市场化程度高	
	GMM - DIF 模型	GMM - SYS 模型	GMM - DIF 模型	GMM - SYS 模型
	(1)	(2)	(3)	(4)
L. CSR	0.323***	0.654***	0.282***	0.633***
	(14.10)	(43.36)	(6.410)	(54.81)
lev	-0.0571**	-0.0611***	-0.0470	-0.0616***
	(-2.228)	(-2.676)	(-1.436)	(-2.847)

续表

变量	市场化程度低		市场化程度高	
	GMM – DIF 模型	GMM – SYS 模型	GMM – DIF 模型	GMM – SYS 模型
	(1)	(2)	(3)	(4)
ppe	-0.0190	-0.0085	-0.0328	-0.0448 **
	(-0.552)	(-0.369)	(-0.580)	(-1.994)
size	0.0161 ***	0.0187 ***	0.0188 **	0.0215 ***
	(3.006)	(5.313)	(2.473)	(6.860)
inv	0.106 *	0.0162	0.0411	0.0059
	(1.852)	(0.620)	(0.910)	(0.261)
roa	-0.0848	-0.222 ***	-0.200 **	-0.294 ***
	(-1.023)	(-3.723)	(-2.034)	(-4.915)
shrcr1	0.0004	-0.0003	0.0005	-0.0002
	(1.154)	(-1.260)	(0.866)	(-0.621)
indexZ	-0.0001	-0.0002	0.0000	-0.0000
	(-0.858)	(-0.872)	(0.157)	(-0.352)
slack	-0.0009	0.0009	-0.0037 *	0.0000
	(-0.563)	(0.405)	(-1.930)	(0.0174)
截距项	-0.299 **	-0.352 ***	-0.296 *	-0.308 ***
	(-2.568)	(-4.652)	(-1.805)	(-4.686)
N	1105	1701	2020	2923
Wald	0.000	0.000	0.000	0.000
AR(2) p 值	0.609	0.712	0.436	0.548
Sargan p 值	0.236	0.379	0.123	0.264

注：括号内为 z 值；*、**和***分别表示在 10%、5% 和 1% 的水平上显著。由于模型中含有滞后一期的因变量，所以样本会减少一年数据，其中，由于差分 GMM 模型（GMM – DIF）还会进一步进行差分处理，所以样本会减少两年数据。

四、研究结论

提高市场化程度可以为企业营造更加公平有序的经营环境，同时也会推动企业履行社会责任。因此，市场化程度的提高对于企业社会责任投入行为可以起到积极的影响。本节以中国 2009～2016 年沪深 A 股上市公司为样本，研究了市场化程度对企业社会责任投入动态调整行为的影响。研究结果表明：市场化程度高的情况下，企业社会责任投入动态调整速度更快，即提高市场化程度有利于加快社会责任调整速度。

本书的启示在于：提高市场化程度对于优化企业社会责任投入水平起到了积极作用，高市场化程度有助于维护市场的良性运行，降低社会责任投入的调整成本。目前，我国各地区的市场化程度参差不齐，为了给企业营造一个良好的发展环境，使之积极从事社会责任，并快速优化社会责任投入水平，需要加快提高各地市场化程度的脚步。政府应该减少对低市场化进程地区经济的干预，更加规范这些地区资本市场制度。只有在平衡发达的市场环境中，企业履行社会责任才更能被认可和理解，社会责任投入动态调整成本降低，企业方能更积极地履行社会责任，加快社会责任投入动态调整速度。

第四节　地区经济发展水平对企业社会责任投入动态调整行为的影响

一、理论分析与假设提出

我国幅员辽阔，各地区间经济、社会和环境状况差异显著，其中经济发展水平的差距尤为突出。随着经济的快速发展，各地区间竞争日益激烈，资源和要素逐渐向竞争力强的地区流动，促进了这些地区经济更加快速地发展。同时，地区经济的快速发展又反过来对资源和要素的配置起到了重要影响。一个地区的人口、经济发展水平以及社会文化等因素会对企业家的社会责任意识产生影响（Welford，2005）。我国不仅各地区经济发展水平差异较大，而且由于处于经济转型期间，各地区的市场化程度、政治环境也各有不同，这导致了各地区企业的社会责任意识和履行程度都有所不同。由于中央政府与地方政府在当地经济发展上存在信息不对称，使地方政府既有可能在任期内积极地敦促并监督当地企业承担保证生产安全、保护生态环境、节约资源等社会责任，也有可能与当地企业勾结合谋，无视甚至纵容企业违背社会责任（聂辉华和李金波，2006）。我国地方官员的政绩主要考核指标为 GDP，"GDP 锦标赛"式的晋升模式使得地方政府有较强动机以牺牲生态环境、大量消耗资源、降低生产安全为代价快速发展当地经济来提高自己的政绩，从而在短期内提高获取升迁的可能性（周黎安和陶婧，2009）。特别是在经济落后的地区，粗放型的发展方式虽然产生了一系列的负面后果，但往往能在较短的时间内带来经济效益的显著增长，再加上地方政府和企业对于发展经济的急功近利心理，导致其社会责任意识更加薄弱。而在经济发展水平较高的地区，发展方式已经逐渐从粗放型转变为集约型，地方政府更重视经济发展的可持续性，倾向于鼓励并监督企业积极履行社会责任。企业自身也期望通过履行社会责任带来新的经济增长点。因此，越是在经济发展水平较高的地区，企业社会责任履行得越积极，效果也越好。此外，经济发展水平较高的地区往往法律环境相对更好，市场化程度相对更高。这些都有利于改善资本市场的信息环境，降低交易成本，最终有利于降低企业社会责任投入动态调整成本加快调整速度。

综上所述，在经济发展水平较高的地区，不但政府与企业对于社会责任的需求以及重视程度都更高，而且社会责任履行的效果也更显著，企业社会责任投入动态调整成本更低，因此其调整速度也更快。据此，提出如下假设：

假设 5 - 4：地区经济发展水平越高，企业社会责任投入动态调整速度更快。

二、研究设计

（一）样本选择和数据来源

本节选取 2009～2016 年在沪深 A 股上市的公司为初始样本。具体按照以下标准进行样本筛选：①剔除金融类上市公司样本；②删除同时在 B 股或 H 股上市的样本；③剔除 ST 和 *ST 上市公司样本；④剔除总资产负债率小于 0 或大于 1 的上市公司样本；⑤剔除慈善捐赠额小于 0 的上市公司样本；⑥剔除主要变量有缺失的上市公司样本。最终得到 8036 个有效样本。此外，为了避免极端值的影响，本节对连续变量在总样本上下 1% 的分位上进行缩尾处理。数据来源于 CSMAR 数据库和《中国统计年鉴》。

（二）模型构建

同上文，采用以下局部调整模型来刻画该动态调整行为，具体如下：

$$CSR_{i,t} = (1 - \delta) CSR_{i,t-1} + \beta\delta X + \varepsilon_{i,t} \tag{5-6}$$

式（5-6）即为标准的局部调整模型（Partial Adjustment Model）。本节主要运用该模型刻画企业社会责任的动态调整过程。在估计方法上，本书参照 Arellano 和 Bover（1995）以及 Blundell 和 Bond（1998）提出的动态面板广义矩估计（GMM）对式（5-6）进行估计。由于动态面板模型的解释变量中有因变量的滞后项，不可避免地存在内生性问题，如果用传统的估计方法，结果会产生一定的偏误。因此，相比其他方法，GMM 更适合动态面板数据的估计。为了验证假设，本节将样本分为地区经济发展水平较高和地区经济发展水平较低两个子样本，分别进行分组检验。

（三）变量选择

地区经济发展水平采用各省份人均 GDP 衡量。借鉴李增福等（2017）和李四海等（2015）的做法，采用企业慈善捐赠刻画企业社会责任行为。具体而言，社会责任水平（CSR）采用企业慈善捐赠额与资产总额之比来衡量，为了便于研究放大 100 倍。这种做法的依据在于：首先，慈善捐赠是社会责任最原始也是最直接的表现形式，且普遍被公众所熟知；其次，相比欧美发达国家的企业，中国企业认识并主动履行社会责任的时间并不长，多数企业仍以慈善捐赠作为履行社会责任的主要方式；最后，从研究的角度来看，慈善捐赠是直接的资金支出，在财务报告上能直接获取，因此数据更加真实客观。产权性质为虚拟变量，若最终控制人性质为国有企业则取 1，否则取 0。

研究发现，企业的冗余资源的数量是影响企业从事社会责任的重要因素（Buchholtz 等，1999；Seifert 等，2004）。冗余资源是一种能够帮助企业缓冲内外部环境压力的潜在资源，资源越多企业社会责任的意愿和能力越强（Bourgeois，1981）。借鉴贾兴平和刘益（2014）的做法，取流动比率、费用收入比率和资产负债率的均值来衡量。一个企业的社会责任行为会受到其同行业企业社会责任水平的影响，同行业社会责任水平越高，往往企业越倾向于社会责任（Wang 等，2008）。行业社会责任投入水平采用行业内企业捐赠的均值来衡量。其余控制变量如下：公司规模（size）、财务杠杆（lev）、股权集中度（shrcr1）、股权制衡度（indexZ）、资产报酬率（roa）、固定资产比率（ppe）、存货比例（inv）等公司治理以及股权结构变量。具体定义如表 5 – 18 所示。

表 5-18 变量定义

变量名称	变量符号	变量说明
企业社会责任投入水平	CSR	社会责任支出/资产总额×100
地区经济发展水平	GDP	采用中国统计年鉴中的各省人均 GDP 衡量
冗余资源	slack	流动比率、费用收入比率和资产负债率的平均值
固定资产比率	ppe	固定资产/总资产
公司规模	size	公司总资产的自然对数
存货比例	inv	存货总额/总资产
财务杠杆	lev	总负债/总资产
资产报酬率	roa	利润总额/总资产
股权集中度	shrcr1	公司第一大流通股股东持股比例
股权制衡度	indexZ	公司第一大流通股股东与第二大流通股股东持股比例的比值

（四）变量描述性统计

表 5-19 是对模型所涉及的所有变量的描述性统计。企业社会责任投入水平（CSR）的均值为 0.024 高于中值 0.001，说明整体上企业社会责任水平在不断提高。地区经济发展水平（GDP）的标准差为 26.340，最小值为 10.310，最大值为 118.200，说明我国各地区经济发展水平差异很大。其他变量方面：财务杠杆（lev）的均值与中值分别为 0.488 和 0.492，说明样本公司的财务杠杆大概控制在 50% 左右，比较合理；股权集中度（shrcr1）的均值为 35.590，说明样本公司第一大股东持股比例的均值为 35.59%，符合中国上市公司股权结构较为集中的特点；股权制衡（indexZ）指数均值达到 14.960，进一步说明在中国上市公司股权高度集中的结构特征下股权制衡也非常弱。

进一步基于地区经济发展水平变量的均值将样本分为地区经济发展水平高和低两个子样本，然后对企业社会责任投入变量进行均值和中值差异检验。检验结果如表 5 - 20 所示。从检验结果可以明显看出：在地区经济发展程度较高的地区企业社会责任投入程度的均值和中值都明显高于地区经济发展程度较低地区的企业。该检验结果初步说明地区经济发展水平的提高有利于促进企业社会责任投入。

表 5 - 19　描述性统计

变量	观测值	均值	中值	标准差	最小值	最大值
CSR	8036	0.024	0.001	0.290	0.000	2.007
GDP	8036	64.660	63.470	26.340	10.310	118.200
slack	8036	2.087	1.410	2.231	0.201	13.990
lev	8036	0.488	0.492	0.220	0.056	1.079
ppe	8036	0.235	0.203	0.170	0.001	0.727
size	8036	21.880	21.780	1.202	19.090	25.350
roa	8036	0.046	0.042	0.046	-0.046	0.141
inv	8036	0.179	0.136	0.166	0.000	0.770
shrcr1	8036	35.590	33.960	15.370	8.110	73.750
indexZ	8036	14.960	5.060	26.090	1.015	152.100

表 5 - 20　主要变量差异检验

变量		地区经济发展水平		
		高	低	差异检验
CSR	均值	0.0396	0.0201	0.0195 *** (6.252)
	中值	0.0384	0.0223	0.0161 *** (11.503)

注：均值检验采用 t 检验，中值检验采用连续修正后的 χ^2 检验，括号中分别为 t 值和 Pearson χ^2 值；*、**和***分别表示在10%、5%和1%的水平上显著。

主要变量 Pearson 相关系数分析如表 5 - 21 所示。结果显示：地区经济发展水平 GDP 与企业社会责任投入变量 CSR 显著正相关，初步说明地区经

表5-21 主要变量 Pearson 相关系数

Variables	CSR	GDP	slack	lev	ppe	size	inv	roa	shrcr1	indexZ
CSR	1									
GDP	0.0002**	1								
slack	0.0170**	-0.0012*	1							
lev	-0.098***	0.006***	0.055***	1						
ppe	0.0190*	0.0018*	0.484***	0.425***	1					
size	0.067***	0.004**	-0.006	-0.037***	0.0070	1				
inv	-0.020	0.002*	-0.013	-0.0150	-0.009	0.765***	1			
roa	0.396***	0.0042**	0.085***	0.072***	0.023*	-0.049***	-0.032**	1		
shrcr1	0.386***	0.0001*	0.0180	0.050***	-0.059***	-0.048***	-0.0100	0.354***	1	
indexZ	-0.018	0.0041*	-0.010	-0.007	-0.012	0.716***	0.921***	0.010	0.013	1

注：*、**和***分别表示在10%、5%和1%的水平上显著。

济发展水平越高，企业越会积极从事社会责任；冗余资源 slack 与企业社会责任投入变量 CSR 显著正相关，说明企业的冗余资源越多越会加大社会责任投入水平，印证了 Bourgeois（1981）的观点，资源越多企业履行社会责任的意愿和能力越强；企业财务杠杆 lev 与企业社会责任投入变量 CSR 显著负相关，说明负债率较高的企业较少从事企业社会责任；公司规模 size 与变量 CSR 显著正相关，说明规模大的企业越积极从事企业社会责任；产权性质 soe 与变量 CSR 显著正相关，说明在我国国有企业比私有企业更积极承担社会责任；企业资产报酬率 roa 与变量 CSR 显著正相关，初步说明企业社会责任投入有利于企业短期绩效的提升；两权分离程度 indexZ 与变量 CSR 负相关，说明一股独大不利于促进企业从事社会责任。此外，所有变量回归系数都在正常范围，说明变量设置无明显技术问题。

三、实证结果分析

为了检验不同地区经济发展程度下企业社会责任投入动态调整行为是否存在差异，本节通过将样本划分为地区经济发展程度较高和地区经济发展程度较低两组进行分组回归检验。表 5 - 22 反映了不同地区的经济发展程度下企业社会责任投入动态调整行为的状况。从回归结果中可以看到，在市场化程度较低的样本组中，采用差分 GMM（GMM - DIF）估计社会责任投入水平动态调整模型，L. CSR 的系数为 0.243，且在 1% 的水平上显著，说明企业调整社会责任投入水平的速度为 0.757（1 - 0.243）。而在地区经济发展程度较高的样本组中 L. CSR 的系数为 0.184，且在 1% 的水平上显著，说明企业调整社会责任投入的速度为 0.816（1 - 0.184）。显然，相比处于地区经济发展程度低的企业，处于地区经济发展程度较高的企业具有更强的战略性社会责任动机，社会责任投入动态调整速度更快。这说明提高地区经济发展水平能有助于提高企业战略性社会责任的动机，而且地区经济发展水平越高，企业动态调整社会责任投入的速度越快，假设得到验证。进一步采用系统 GMM（GMM - SYS）估计社会责任投入动态调整模型，结论不变，依然稳健地支持假设。此外，每组样本的估计都通过了 Sargan 检验和残差序列相关检验（对应的 p 值都大于 0.1），即不存在工具变量过度识别问题和残差序列相关问题，Wald 检验也在 1% 的水平上拒绝了模型系数为零的假设，说明模型整体是显著的。

表 5 - 22　地区经济发展水平对企业社会责任投入动态调整的影响

变量	地区经济发展程度较低		地区经济发展程度较高	
	GMM - DIF 模型	GMM - SYS 模型	GMM - DI 模型	GMM - SY 模型
	(1)	(2)	(3)	(4)
L. CSR	0.243 ***	0.209 ***	0.184 ***	0.201 ***
	(7.736)	(10.08)	(5.977)	(8.799)
lev	- 0.0129	- 0.0581 ***	- 0.0607 ***	- 0.0137
	(- 0.673)	(- 3.064)	(- 3.242)	(- 0.729)
ppe	- 0.0338	- 0.0004	0.0003	- 0.0419 *
	(- 1.285)	(- 0.0172)	(0.0138)	(- 1.651)
size	0.0148 ***	0.0253 ***	0.0250 ***	0.0199 ***
	(2.806)	(4.627)	(4.532)	(4.055)
inv	0.0437	0.0607 *	0.0671 *	0.0522 *
	(1.493)	(1.732)	(1.908)	(1.828)
roa	- 0.0710 **	- 0.0049	- 0.0028	- 0.0280
	(- 2.398)	(- 0.367)	(- 0.212)	(- 1.091)
shrcr1	- 0.107 *	- 0.175 ***	- 0.179 ***	- 0.103 *
	(- 1.747)	(- 3.490)	(- 3.598)	(- 1.711)
indexZ	0.0005	- 0.0000	0.0000	0.0002
	(1.341)	(- 0.0235)	(0.0310)	(0.623)

续表

变量	地区经济发展程度较低		地区经济发展程度较高	
	GMM – DIF 模型	GMM – SYS 模型	GMM – DI 模型	GMM – SY 模型
	(1)	(2)	(3)	(4)
slack	– 0. 0000	0. 0002	0. 0000	0. 0000
	(– 0. 0731)	(0. 637)	(0. 424)	(0. 171)
截距项	– 0. 260 **	– 0. 455 ***	– 0. 451 ***	– 0. 366 ***
	(– 2. 279)	(– 3. 856)	(– 3. 756)	(– 3. 480)
N	2617	3325	2703	3279
Wald	0. 000	0. 000	0. 000	0. 000
AR (2) p 值	0. 501	0. 638	0. 339	0. 502
Sargan p 值	0. 147	0. 265	0. 488	0. 396

注：括号内为 z 值；*、** 和 *** 分别表示在 10%、5% 和 1% 的水平上显著。由于模型中含有滞后一期的因变量，所以样本会减少一年数据，其中，由于差分 GMM 模型（GMM – DIF）还会进一步进行差分处理，所以样本会减少两年数据。

四、研究结论

本节以中国 2009～2016 年沪深 A 股上市公司为样本，研究了地区经济发展水平对企业社会责任投入动态调整行为的影响。研究结果表明：地区经济发展程度越高，企业社会责任投入动态调整速度越快。

本节从地区经济发展水平的角度，解读企业社会责任行为的外部激发机制，丰富了相关文献。企业内生于其所处的政治、经济环境之中，在这些宏观与场域（Field）环境内，企业行为受到深刻影响（Campbell，2007）。我国幅员辽阔，各地区经济发展水平差异较大，不同地区的企业所处环境不同。企业的社会责任履行程度与地区经济发展相关。在经济发展水平较高的地区，政府和企业的社会责任意识较高，社会责任在提升企业核心竞争力方面的战略作用更显著，企业的社会责任调整速度更快。而在经济发展水平较低的地区，政府与企业的社会责任意识以及履行程度都相对较低，社会责任很难对企业发挥出应有的作用，因此企业社会责任投入动态调整速度较低。推动地区经济发展平衡有利于改善企业社会责任行为。

第五节　本章小结

本章从企业外部环境的角度分析了影响企业社会责任投入动态调整的因素，具体分为四个部分：

第一部分实证分析了儒家文化对企业社会责任投入动态调整的影响，研究发现：传统儒家文化对企业社会责任投入动态调整行为会产生影响。具体而言，在儒家文化程度较高的情况下，企业社会责任投入动态调整速度更快，即儒家文化有利于促进企业履行社会责任。这意味着我们需要客观地评价儒家文化在现代市场经济发展中所发挥的作用。儒家文化能够促进企业履行社会责任，弥补现阶段中国部分地区法律环境较差、竞争不足所带来的一些负面影响，所以不应全盘否定儒家文化的经济价值和实践意义，结合新的实践和时代要求对儒家文化中有益的部分予以继承和发扬。而且对于企业社会责任的推动不单依赖于正式制度的被动作用，也需要通过像儒家文化这样的非正式制度来引导企业自觉主动地履行社会责任。

第二部分实证分析了法律环境对企业社会责任投入动态调整的影响，研究发现：法律环境对企业社会责任投入动态调整行为会产生影响。具体而言，在法律环境较好的情况下，企业社会责任投入动态调整速度更快，即良好的法律环境有利于加快社会责任调整速度。这说明：法律环境对于优化企业社会责任投入水平起到了积极作用，良好的法律环境有助于维护市场的良性运行，降低社会责任投入的调整成本。然而，目前我国的法律制度还存在较多缺陷，为了帮助企业快速优化社会责任投入水平，需要加快完善法律制度的脚步。

第三部分实证分析了市场化程度对企业社会责任投入动态调整的影响，研究发现：市场化程度高的情况下，企业社会责任投入动态调整速度更快，即提高市场化程度有利于促进加快社会责任调整速度。本书的启示在于：提高市场化程度对于优化企业社会责任投入水平起到了积极作用，高市场化程度有助于维护市场的良性运行，降低社会责任投入的调整成本。目前，我国各地区的市场化程度参差不齐，为了给企业营造一个良好的发展环境，帮助企业快速优化社会责任投入水平，政府应该减少对低市场化进程地区的经济干预，并规范这些地区资本市场制度。

第四部分实证分析了地区经济发展水平对企业社会责任投入动态调整的影响，研究发现：地区经济发展程度越高，企业社会责任投入动态调整速度越快。该研究的启示在于：企业的社会责任履行程度与地区经济发展相关。在经济发展水平较高的地区，政府和企业的社会责任意识较高，社会责任在提升企业核心竞争力方面战略作用更显著，企业的社会责任调整速度更快。推动地区经济发展平衡有利于改善企业社会责任行为。

第六章　企业社会责任投入的
优化对策

　　企业社会责任投入的本质是企业利益相关者博弈后形成的利益配置格局。改变企业社会责任投入水平意味着有限的资源在企业社会责任和传统投资项目之间进行转换，转换成本构成了企业社会责任投入水平的动态调整成本。该调整成本越低，社会责任投入水平达到最优水平的速度就越快。因此，降低企业社会责任投入动态调整成本是优化企业社会责任的关键所在。为使企业社会责任投入水平尽快达到合理水平，有以下对策：

第一节　企业内部环境优化

一、通过信息披露管理优化企业社会责任投入

　　社会责任投入动态调整成本主要由交易成本构成。信息透明有助于降低交易成本，从而加快社会责任投入水平的优化速度。信息披露包括财务信息披露和非财务信息披露。从财务信息披露的角度来看，当前中国企业财务信息披露的问题主要表现在信息失真、披露不及时、披露不充分以及披露的信息可比性差等方面。企业对于财务信息的不实预测会对投资者形成误导，再加上缺乏对信息披露的充分监管，企业常常会根据自己的需要决定何时以及如何披露信息，从而降低了信息披露的质量，加剧信息不对称，最终导致交易成本上升。从非财务信息披露的角度而言，当前中国企业披露的非财务信息主要是企业社会责任信息。中国企业披露社会责任信息的起步较晚，2006 年深圳证券交易所发布《上市公司社会责任指南》，2008 年上海证券交易所发布《关于加强上市公司社会责任承担工作暨发布上海证券交易所上市公司环境信息披露指引的通知》。对于企业信息披露，特别是对非财务信息不够重视，阻碍了公司社会责任投入的优化，所以应当尽快提高我国上市公司信息披露的质量。信息披露质量较低的原因是多方面的，针对这个问题有以下对策：

第一，尽管现行会计准则与国际会计准则已经趋同，与以往的会计准则相比有了很大的改善，但随着经济活动的复杂化，总有一些准则中没有规定过的业务出现或是相关规定比较模糊，具体到实务处理时就很难找到统一的处理标准。这种会计处理的不确定性通常会成为上市公司操纵会计盈余的工具，降低信息披露质量，从而加大信息不对称程度，提高企业社会责任投入动态调整的成本。因此，会计准则应当随着新业务的出现及时地做出补充，对于模糊的规定应当进行明确说明。

第二，目前中国上市公司的信息披露以会计信息为主，主要反映企业的财务与经营状况以及现金流量情况，但随着企业内外部环境日益复杂化，单纯的会计信息已经不能完全反映出企业的资源状况和核心竞争力，对于企业面临的潜在风险也不能得到充分体现。所以，上市公司的信息披露需要强化非财务信息披露以满足利益相关者的需求，比如环境污染信息、社会责任信息、人力资本信息、客户与供应商信息等。对此，有两种方法可以采用：一是鼓励公司进行自愿性信息披露，同时增加信息披露中非强制性信息披露的范围和内容；二是建议使用新的报告形式——企业整合报告。关于新的报告形式，郭道扬（2008）指出在当今生态环境成为解决经济可持续发展主导性问题的背景下，应在已有财务报告的基础上，出台新的报告形式，帮助企业和社会的可持续发展。而企业整合报告则满足这一需求，它是将财务、环境、社会和公司治理四个方面的信息融入一份报告之中，以更好地反映出企业的可持续性和价值创造能力（蔡海静等，2011）。这种报告能够承载比以往财务报告更多的信息，能更详细真实地反映企业状况。尽管上海证券交易所和深圳证券交易所先后出台了关于企业社会责任信息披露的一系列规定，自2008年以来企业披露社会信息的数量与以往相比有了很大的改善，但企业社会责任行为有多个维度，内容复杂，总有一些相关规定中没有规定过的社会责任行为出现或是相关规定比较模糊，具体到实务处理时就很难找到统一的处理标准。企业社会责任规定的模糊性会导致企业社会责任信息披露质量降低。因此，企业社会责任信息披露的规定应当对为涉及的社会责任行为及时地做出补充，对于模糊的规定应当进行补充说明。

二、通过改善企业产权结构优化企业社会责任投入

根据前文的研究结论，相比国有产权企业，私有产权企业的社会责任投入动态调整速度更快。在中国的二元经济体制下，由于国有产权企业和私有产权企业在经营目标上存在一定差异，而且政府对于不同产权性质的企业的干预程度也不一样，导致不同产权性质的企业从事企业社会责任的动机有差异。国有产权企业是中国国民经济的重要支柱，除了承担经济责

任，还承担了国家赋予的政治责任和社会责任。国有企业不但要获取利润，还要协助政府完成就业、提供公共服务和设施、维护社会稳定等任务，实现经济、社会、环境的和谐发展。国有产权企业要主动承担更多的社会责任，但这是出于国有企业与政府以及人民之间"天然的血缘关系"的必然结果，而不是单纯为了企业价值最大化。国有产权企业所肩负的多重责任弱化了其对利润最大化的追求，导致其社会责任投入动态调整速度较慢。而私有产权企业是以提高经济效益和企业价值最大化为主要目标的经济实体，通过履行社会责任有利于获得竞争优势，或是向政府寻租（Godfrey，2005；李四海等，2015）。因此，相比国有产权企业，私有产权企业会以价值最大化为目标更迅速地调整社会责任投入。针对这个现状有以下对策：

第一，通过"混合所有制"改革消除国企发展负外部性。到21世纪初，国企的现代企业制度基本建立，企业治理水平得到提升。但是我国的市场经济体系中仍然存在一些待解决的问题，包括国有企业效率不高、民营企业发展环境有待提升、行政垄断和政府干预过多等。国企的僵化机制会导致国有经济比重不断下降，还会对经济转型造成负面影响。国企改革的一个重要目标是提高绩效。由于"所有者缺位"，国企管理者缺乏足够的动机提升企业绩效。研究表明，企业的国有股权比重越高，企业的总体业绩越差，在竞争性行业中尤其如此（汪浩，2015）。在国有企业中适当的"国退民进"，有利于提高企业效率。不过现有研究大多是基于上市公司的数据，而在上一轮的国企"现代企业制度"改革中，能够率先上市的大多是业绩较好的国企。由于发行价格不得低于每股净资产，只有绩优企业才能卖出较多的非国有股份，因此国有股比重较低。但是这种现象并不足以否定国企效率较低的特点，即使考虑到这些因素，过高的国有股比重仍然会降低企业绩效。国企改革的另一个重要目标是改善市场环境。依靠政府特殊支持而形成的业绩不是真效益，甚至可能是有害的。政府是市场经济游戏规则的制定者和监督者，不应介入企业经营本身。对国企的特殊照顾意味着对民企的歧视，不利于形成公平的市场环境，不利于鼓励企业家精神的发扬，从长远来看更不利于经济发展。总之必须看到国企发展的"外部性"。目前多数中央级国企和不少地方国企都已进行了公司制股份制改革，在这个意义上，这些企业已经实现了混合所有制。那么，混合所有制改革的着力点在哪儿？首先，混合所有制改革的关键之一就是降低国有股比例。我国国有制造类企业的国有股比重较高，平均在75%左右，也就是说，各级政府对多数国企有绝对控制力，非国有股东不可能对企业经营产生显著影响。这种状况下行政干预企业经营不可避免，既损害企业效率，又破坏市场环境。因此，需要通过降低国有股的比例来解决这些问题。其次，选择合理的国有股比重。根据对国有企业财务数据的相关分析发现，如果仅关注财务绩效，最优的国有股权比重应在40%以下，具体取决于财务指标的选取和行业特征（田昆儒和蒋勇，2015）。该研究认为，"混合所有制"改革成功的一个必要条件是，在非关乎国家重要经济命脉的行业，国家可适当放弃对企业的绝对控股权，减少国家介入的范围。最后，去行政化。行政干预会对国有企业经营产生严重的负面影响。行政干预很容易夹带各种灰色交易。另外，官僚激励是基于政治和政绩，实行自我评价且不承担后果，企业家激励则是基于财务绩效，实行市场评价且自担后果，两者完全不相容，一旦结合，将产生不可预测的负面影响。

第二，控股股东控制权与所有权的分离会对企业社会责任决策产生负面影响，社会责任投入动态调整速度也会随之放慢。中国的上市公司多由国有企业改制而成，多数股份为"非流通股"，因此普遍存在"一股独大"的现象，控股股东牢牢掌握着公司的控制权，两权分离问题严重，由此引起的"隧道效应"(Tunneling)层出不穷，严重损害了中小股东的利益。幸运的是，为了缓解这一问题，中国于 2005 年全面启动了股权分置改革试点工作，此次改革目的在于实现中国上市公司股份"全流通"，但是由于股权分置改革并不彻底，上市公司的股权结构并没有从根本上得到改善，直到 2011 年才迟迟迎来"全流通"时代。但是，仅仅依赖股权分置改革来优化中国上市公司的股权结构还是不够的。要使其达到一个更加合理的状态，首先，应逐步降低国有股比例，逐步实现股权结构多元化。除了涉及国计民生的重要企业需要国家进行绝对控股以外，可以适当将国有股份调整到相对控股以下，有些企业甚至可以通过转让、兼并等方式，让出国家的控股地位。其次，应积极发展与完善机构投资者，允许基金、保险、养老金等机构参股。机构投资者参与持股不仅可以实现公司股权结构的多元化，还能够有效地起到对公司治理的监督作用。但是机构持股是把"双刃剑"，除了改善公司治理，还容易导致企业经营行为短期化。所以政府等相关部门在支持机构投资者积极发展的同时，还应当制定一系列政策法规对机构投资者进行约束与规范，引导它们在遵守市场秩序的前提下进行操作。最后，应通过建立健全证券市场的法律法规，提高中小投资者的信心。目前，尽管经过了漫长的股份制改革，中国上市公司总体上仍然呈现出股权过度集中的态势，中小股东处于相对弱势的地位。因此只有加强对中小投资的法律保护，才能增强投资者信心，实现市场的稳定发展。

三、通过加强政企沟通优化企业社会责任投入

对于政府而言，培养真正意义上的"社会责任"驱动的企业社会责任行为对于建立良好的经济秩序、促进社会文明的进步都具有重要意义。

第一，从企业的角度来看加强政企沟通有助于政府与企业之间信息对

称，这有利于企业更积极地履行社会责任。政企之间加强沟通，可以让企业更明确地承担企业社会责任，不但能够为社会公众谋福利，也能通过强化政企关系，来为自身的发展带来机遇与资源。

第二，从政府的角度而言，政府需要把握住政企关系的度，具体而言需要从减少政府对资源配置的干预，改善法制环境，推进市场机制建设入手，降低企业从事企业社会责任的成本，帮助企业加快社会责任投入动态调整速度，使企业社会责任不只是单纯"利他"的奉献行为，也能让企业从中获益，从而实现经济社会的和谐发展。

四、通过改善公司治理结构来优化企业社会责任投入

好的公司治理结构可以保证公司制定的战略性，企业社会责任决策尽量以企业价值最大化为目标。因此，完善公司的治理结构是优化企业社会责任投入水平的重要途径之一。

管理者是公司各种经营管理决策的制定者与实施者，传统的经济学理论是以理性人作为研究假设的，但现实中的管理者不可能是完全理性的，其个人特征以及心理偏好会对企业决策产生影响，因此公司的企业社会责任投入动态调整决策也自然会受这些因素的影响。为了尽量消除管理者非理性行为对社会责任投入动态调整产生的负面影响，需要做到以下几点：第一，需要加强对管理者的监管，可以通过引入外部独立董事抑制上市公司的内部人控制状况；第二，采用更加市场化的激励机制来引导管理者的行为，强化他们的战略性企业社会责任意识，削弱他们的利己主义动机；第三，积极发展机构投资者，并使他们参与到公司的内部治理中来，形成对管理者更强更专业的监督；第四，给予管理者真正的经营权和一定的股权份额，让管理者也成为公司的"主人"，这样就能促使管理者在制定和实

施经营决策时多从企业的角度考虑，并且避免其做出损害企业利益的行为；第五，大力发展并完善职业经理人市场，同时建议国有企业应逐渐取消行政任免体制，让经理来自市场，回归市场。

五、通过引入 ESG 理念来优化企业社会责任投入

结合中国的国情引入 ESG 理念，帮助企业及其利益相关者认识社会责任的真正内涵。ESG 是"Environmental，Social and Governance"的缩写，是一种在投资决策中将环境、社会和治理因素纳入考虑的投资理念，是衡量上市公司是否具备足够社会责任感的重要标准。2004 年，时任联合国秘书长安南联合来自 9 个国家的 20 家大型金融机构共同签署和发布了 *Who Cares Wins* 报告，这一报告首次将环境、社会和治理因素并列，提出了 ESG 概念，并指导人们如何将 ESG 理念融入投资实践当中。随后，在联合国环境规划署金融倡议组织和联合国全球契约的支持下发起设立负责任投资原则组织（PRI），并于 2006 年在纽约证券交易所发布"负责任投资原则"，要求签署 PRI 的机构不仅要将 ESG 因素纳入投资决策中，还要推动被投资实体的 ESG 发展。自此，ESG 逐渐向全球推广。

ESG 起源于企业社会责任（CSR）。两者都强调不应只关注股东利益或者企业自身盈利，同时还应该关注企业其他利益相关者的利益。然而，CSR 是从企业角度提出的概念，它的含义更加宽泛且难以度量；而 ESG 是从投资者角度提出的概念，所以又叫 ESG 投资。相比 CSR 过于宽泛的内涵，ESG 主要是从环境（E）、社会（S）以及治理（G）三个方面，衡量企业的社会责任履行情况。而若投资者对公司的 ESG 表现进行评价，并据此进行投资决策，无疑会对公司的 ESG 实践产生重要影响。

ESG 背后包含着一套量化的体系。所谓量化的 ESG 体系包括信息披露、绩效评级和投资实践，三者相辅相成。只有企业做好了 ESG 信息披露，评级机构才能更加准确地对企业 ESG 做出评价，从而投资者才能够更加放心地利用 ESG 评级信息来指导实践。不同于那些已经有多年 ESG 投资实践的发达国家，中国的 ESG 评价仍处于起步阶段。无疑，要在中国发展 ESG，就得先制定好企业的信息披露和评级机构的绩效评级这些基础规范和标准。ESG 信息披露更多地要求企业披露量化的指标，而不像现在的企业社会责任报告中存在着大量定性的描述。目前，我国监管部门已经开始行动。2018年《上市公司治理准则》的修订为 ESG 信息披露提供了一个框架，同时，深圳证券交易所和上海证券交易所制定了 ESG 信息披露指引，也已进入征求意见阶段。而 ESG 绩效评级，应是最基础的工作，也是最难做的一项工作。如果不能很好地评价，则在此基础上的工作也就失去了合理性，这正是目前亟待完善的地方。

六、确定合适的企业社会责任投入动态调整决策

当企业的实际社会责任投入水平偏离了最优水平时，最理想的企业社会责任决策是以最优社会责任投入水平为目标动态调整实际社会责任投入水平。而这一决策的前提是确定最优社会责任投入水平。该最优水平具体由企业的内部特征以及实际经营环境状况决定。这要求管理者能够准确地把握企业内外部状况，从而恰到好处地确定合适的社会责任投入水平，且进行快速调整。具体到调整方式上，如果实际企业社会责任投入水平低于最优比例，可以采用两种方法调整企业社会责任投入：第一，追加企业社会责任投入；第二，减少不必要的投资，特别是净现值为负的投资项目。如果实际企业社会责任投入水平高于最优资本比例时，可以通过减少社会责任投入、适当扩大投资（尤其是净现值为正的项目）以及吸收股权融资

的方式进行调整。

第二节　企业外部环境优化

一、通过改善资本市场优化企业社会责任投入

中国是新兴市场经济国家，金融市场起步较晚，尽管近二十年得到了长足的发展，但是仍然存在很多缺陷，多层次的资本市场体系还没有完全形成，导致企业交易成本过高，进而对企业社会责任投入动态调整速度产生了负面影响。以下从股票市场和债券市场提出企业社会责任投入的优化对策。

（一）完善股票市场

我国股票市场自建立至今已经有 20 年的时间，取得了有目共睹的成绩。但是与西方成熟的股票市场相比仍然存在许多问题，如政府干预过度、市场化程度相对较低、法律环境较差等，这些问题的存在不利于股票市场的稳定和发展，一方面加大了市场波动风险，另一方面令股票市场沦为上市公司圈钱的场地，股票融资倾向严重。因此，应当加快完善市场的基础性建设，充分发挥股票市场分散风险、配置资源的功能，降低市场波动风险。金融衍生产品的创新有助于减少市场的非理性波动。此外，还应当鼓励金融衍生产品的创新，如推出套期保值和对冲风险等，这不但能够丰富投资方式，还能够在一定程度上稳定市场风险。

（二）发展公司债券市场

目前中国上市公司主要依赖于向银行获取信贷融资。幸运的是，中国

的股票市场经过 20 年的发展，已经取得了巨大进步，股票融资逐渐成为上市公司的主要融资渠道之一。但是相比之下债券市场由于历史原因仍然明显落后，早期为了抑制债券市场的乱象，国家出台了一些限制债券市场的政策，甚至一度停止发行债券，直到 2000 年以后才开始重新繁荣起来。经济越发展债券融资越重要，多渠道的融资方式能够为企业的融资带来便利，降低融资成本，所以有必要在保证股票市场健康发展的同时，积极发展债券市场。具体而言，可以从以下几个方面来改善债券市场：首先，放宽发行公司债券的资格范围。在国外，公司债券的发行主体非常广泛，各种类型的经济主体都有资格发行公司债券。但是在中国，发行公司债券的主体除了股份有限公司外，主要就是国有大型企业，而中小企业和民营企业很难获得发行资格。所以，应当逐步放宽公司债券发行资格的范围，允许符合条件的中小企业和民营企业发行公司债券，消除对非国有企业的"融资歧视"。其次，放松发行公司债券的条件。目前，公司债券的发行条件过于严苛。尽管这些限制条款提高了公司债券的安全性，但是也过度限制了债券市场的发展。因此，在加强监管的前提下，可以适当放宽公司债券的发行条件。再次，尽快推行公司债券发行的核准制度。目前，中国公司债券的发行使用的是审批制度，这是制约中国债券市场发展的主要因素之一，应当尽快推行债券发行核准制度。最后，促进债券利率市场化。目前中国的公司债券发行限制了利率的上限，导致风险与收益不能均衡，这是不符合市场经济原则的，因此要尽快推行债券利率市场化。

二、利用正式制度优化企业社会责任投入

在企业的外部环境中，最重要的组成部分之一就是正式制度环境，其中法律环境是正式制度中主要的表现形式。法律法规的建设属于事前管理，即从源头上管理，综合考虑了包括股东、债权人、公众等各类利益相关者，比如保护中小股东利益的独立董事制度，保护债权人的《破产法》等。良好的法律环境可以降低社会责任投入动态调整成本，进而加快社会责任投入调整速度。所以，改善法律环境有助于企业社会责任投入水平的优化。具体而言，可以从以下几个方面来改善法律环境。

（一）提高机构投资者参与公司治理的程度

在市场经济下，任何正当的交易行为都是需要健全的法律体系来保障其实施的。但中国是一个新兴市场经济国家，关于资本市场的相关法律系统尚不健全，比如《破产法》直到 1986 年才正式颁布，随后陆续颁布了《公司法》（1993 年）、《证券法》（1999 年）等。公司的利益相关体众多，它们之间的权利与义务离不开相关法律法规的界定与保护。因此，需要建立健全保护利益相关者的法律法规，创造公平有序的投融资环境，促进资源的合理配置。为此，一方面可以适当放宽金融中介机构对上市公司持股比例的限制，鼓励金融中介机构参与公司经营；另一方面对金融中介机构参与公司经营的权利和义务制定相关的法律。对于作为债权人的金融中介机构明确其对被投资公司的资产拥有合法权益，同时对公司的现金流也有合法权益。对于作为股东的金融中介机构也要规定详细的权利与义务。同时为了防止金融中介机构勾结其他大股东利用内幕信息交易谋取非法收益，还需要在法律上明确对这种行为的限制条款。

（二）完善对投资人的法律保护

在我国由于一股独大的问题较严重，导致中小股东的合法权益容易受到控股股东的侵害。为此应当从立法和执法两个方面加强对中小股东的保护。首先，积极开展投资者保护相关法律的制定，这是对控股股东侵占中小股东利益行为的事前约束。其次，加强相关部门的执法力度，提高投资者保护法律的执法效率，这是对控股股东侵占中小股东利益行为的事后约束。

在中国上市公司的各个利益相关者中，对债权人的保护最差，导致了许多不良贷款，债权人的利益受到了严重损害。由于债权人的利益不能得到足够的保护，并且难以建立健全的信用机制，债权人市场变得匮乏，最终使得债务融资变得十分艰难，公司倾向于融资成本更高的权益融资。如果能够给予债权人充分的法律保护，债权人市场就会变得活跃，公司也更容易获取信贷融资了。因此，要提高对债权人的法律保护力度，需要建立一个有效的偿债保障机制。

三、利用非正式制度优化企业社会责任投入

如今中国的经济发展迅速，但是文化的发展却相对较慢。企业一心追求经济效益，会忽视甚至违背应当履行的社会责任。正式制度能比较有效地推动企业社会责任的履行，而且相关研究也给予了支持（周中胜等，2012；毕茜等，2015）。但是仅依赖正式制度是不够的。文化、习俗等非正式制度可以弥补正式制度的不足，并为正式制度的完善与作用的发挥提供土壤（Greif，1994；韦伯，1987；诺思，2008）。特别是在中国这种市场机制尚不十分健全、法律环境相对不完善的转型经济国家中，非正式制度可能扮演着更加重要的角色。儒家文化是中国非常重要的一种非正式制度，其核心思想在许多方面都与现代企业社会责任理论相契合。而且儒家文化能够改善社会信任度，改善企业的经营环境以及提高信息透明度，有助于提高企业的社会责任意识和降低社会责任投入动态调整成本，从而能够加快社会责任投入动态调整速度。儒家文化的传播能够弥补现阶段中国部分地区法律环境相对较差、竞争不足所带来的一些负面影响。具体而言：首

先，不应全盘否定儒家文化的经济价值和实践意义，而应该更加全面、理性和客观地评价儒家文化对现代企业经济活动的影响，取其精华、去其糟粕，结合新的实践和时代要求对儒家文化中有益的部分进行弘扬。其次，随着中国经济进入转型阶段，推动经济的高质量发展已成为当务之急，企业社会责任问题变得日益重要。对企业社会责任的推动不单依赖于正式制度的被动作用，也需要通过儒家文化这样的非正式制度来引导企业自觉主动地履行社会责任。最后，不只是儒家文化，中国传统文化中的有益部分都可以适当进行发扬，以促进企业社会责任行为。

四、通过提高市场化程度优化企业社会责任投入

根据樊纲等编写的《中国市场化指数：各地区市场化相对进程 2017 年报告》来看，近些年来我国大部分地区市场化水平较高，但是各地区市场化推进速率不同，西部省份和东部沿海省份的市场化进程差距越拉越大。因此，西部地区主要依赖于粗放型经济增长方式，导致发展偏急功近利，容易忽视企业社会责任。因此，之后的几十年里我国市场化发展的中心应在于减少各地区之间的差距。

高水平的市场化进程有利于减少企业与利益相关者之间的信息不对称，而目前我国国内市场化进程突出的问题就是各地区市场化进程差异巨大，各地区经济发展不平衡。以中西部地区为主的低市场化进程地区，市场资源配置合理性受限，当地企业筹资难，交易成本高。同时这些地区的经济资源更为有限，企业对社会责任的投入会更多地考虑短期能否带来经济效益，然而低市场化进程带来的信息不对称会削减企业社会责任投入所获得的声誉支持。在这种情况下，低市场化进程地区的企业履行社会责任的动机被大大降低。因此，进一步推进各地区市场化进程，平衡发展是推动企

业积极履行社会责任的重要动力。

政府应该减少对低市场化进程地区经济的干预，进一步规范这些地区的资本市场制度。同时，适当将高市场化进程地区的部分产业和人才引进低市场化进程地区进行发展，在低市场化地区实行户籍制度改革以减少劳动力人口的流失。只有在平衡发展的市场环境中，企业履行社会责任才更被理解和认可，社会责任投入动态调整成本降低，企业方能更积极地履行社会责任，加快社会责任投入动态调整速度。

第三节　本章小结

企业调整社会责任投入水平的目的是优化资源配置，追求企业价值最大化。本章从企业内部环境与外部环境两个方面提出了中国上市公司的社会责任投入动态调整优化对策。

就企业内部环境优化而言，从以下几个方面提出了优化对策。

第一，加强信息披露管理。信息披露包括财务信息披露和非财务信息披露。在财务信息披露方面，会计准则应当随着新业务的出现及时地做出补充，对于模糊的规定应当进行补充说明。在非财务信息方面：一是鼓励公司进行自愿性信息披露，同时增加信息披露中非强制性信息披露的范围和内容；二是建议使用新的报告形式——企业整合报告。

第二，改善企业的产权结构。首先，通过"混合所有制"改革消除国企发展负外部性。其次，控股股东控制权与所有权的分离会对企业社会责任决策产生负面影响，社会责任投入动态调整速度也会随之放慢。

第三，加强政企沟通。对于政府而言，培养真正意义上的"社会责任"

驱动的企业社会责任行为对于建立良好的经济秩序、促进社会文明的进步都具有重要意义。首先，从企业的角度来看，加强政企沟通有助于降低政府与企业之间信息不对称。其次，从政府的角度而言，政府需要把握住政企关系的度。

第四，完善公司治理结构。首先，需要加强对管理者的监管，可以通过引入外部独立董事抑制上市公司的内部人控制状况；其次，采用更加市场化的激励机制来引导管理者的行为，强化他们的战略性企业社会责任意识，削弱他们的利己主义动机；再次，积极发展机构投资者，并使他们参与到公司的内部治理中来，形成对管理者更强更专业的监督；最后，给予管理者真正的经营权和一定的股权份额，让管理者也成为公司的"主人"，这样就能促使管理者在制定和实施经营决策时多从企业的角度考虑。

第五，根据中国的国情引入 ESG 理念，帮助企业及其利益相关者认识社会责任的真正内涵。同时，强化 ESG 信息披露，让更多的利益相关者能够客观准确地评价企业的社会责任履行情况。

第六，制定合适的企业社会责任投入决策。通过适当地改变社会责任投入、传统投资（如投资净现值为正的项目）以及吸收股权融资等方式，保持企业社会责任投入水平尽可能处于最优比例。

就企业外部环境而言，从以下几个方面提出了优化对策。

第一，通过改善资本市场优化企业社会责任投入。从完善股票市场和发展公司债券市场两个方面提出对策：在完善股票市场方面，应加快完善市场的基础性建设，充分发挥股票市场分散风险、配置资源的功能，降低市场波动风险。在债券市场方面：首先，放宽发行公司债券的资格范围；其次，放松发行公司债券的条件；再次，尽快推行公司债券发行的核准制度；最后，促进债券利率市场化。

第二，利用正式制度优化企业社会责任投入。可以从以下几个方面来改善法律环境。首先，提高机构投资者参与公司治理的程度。为此，一方面可以适当放宽金融中介机构对上市公司持股比例的限制，鼓励金融中介机构参与公司经营；另一方面对金融中介机构参与公司经营的权利和义务制定相关的法律。其次，完善对投资人的法律保护。从立法和执法两个方面加强对中小股东的保护。

第三，通过非正式制度优化企业社会责任投入。儒家文化的传播能够弥补现阶段中国部分地区法律环境相对较差、竞争不足所带来的一些负面影响。对企业社会责任的推动不单依赖于正式制度的被动作用，也需要通过儒家文化这样的非正式制度来引导企业自觉主动地履行社会责任。

第四，通过提高市场化程度优化企业社会责任投入。政府应减少对低市场化进程地区经济的干预，更加规范这些地区资本市场制度。

结　语

本章是对全书的一个总结，具体包括以下三个部分：第一部分是对本书主要研究结论的总结；第二部分是对本书创新点的概括总结；第三部分是对本书研究局限性的分析，以及对后续研究方向的展望。

第一节　主要研究结论与启示

一、企业社会责任投入动态调整机理

首先，以沪深 A 股上市公司为初始样本，通过 Heckman 模型以及二阶段最小二乘法（2SLS）论证企业是否存在最优社会责任投入。研究发现：随着企业社会责任投入水平的增长，企业价值先不断增长，当企业社会责任投入达到一定水平后，企业价值开始随着社会责任投入水平的上升而下降，即呈现倒 U 形的非线性关系。这说明企业不去从事社会责任或者过度从事社会责任均不可取，都不利于企业价值的提升，而选择承担适度的企业社会责任有助于企业价值的最大化，这是一种经过仔细权衡的行为。然

后，构建局部调整模型（Partial Adjustment Model），采用差分 GMM 和系统
GMM 估计法实证分析企业是否会围绕目标值动态调整其社会责任投入。研
究发现：企业会围绕着目标社会责任投入水平动态调整实际投入水平，使
之尽可能地趋近目标值，从而最大限度地发挥社会责任对企业价值的增值
作用。而且动态调整速度越快，意味着企业对社会责任投入水平的优化调
整越及时，对社会责任的资源配置越有效。

二、企业社会责任投入动态调整的影响因素

（一）产权性质、政治关联与社会责任投入动态调整

以沪深 A 股上市公司为初始样本，通过局部调整模型研究企业的社会
责任投入动态调整行为在不同的产权性质下以及政治关联的情况下是否存
在异质性。研究发现：首先，相比国有企业，私有企业社会责任投入动态
调整速度更快。这表明私有企业从事战略性社会责任的动机更强，期望借
助快速的动态调整社会责任投入以实现更有效的企业价值增值。其次，具
有政治关联的私有企业比没有政治关联的私有企业在社会责任投入动态调
整方面速度更快。这表明有政治关联的企业一方面由于与政府关系良好能
够比较充分地了解政府在社会责任方面的需求，另一方面政府也更倾向于
给有政治关联的企业更多稀缺资源，因此这类企业的社会责任投入动态调
整成本相对更低，调整速度更快。

（二）竞争与社会责任投入动态调整

竞争是企业在生存与发展的过程中必须面对的问题。基于企业所处的竞
争环境，分别检验了行业竞争程度和企业自身竞争力对企业社会责任投入动
态调整的影响。研究发现：相比处于竞争程度较低行业的企业，处于竞争程
度较高行业的企业战略性社会责任投入动机更强，其动态调整速度更快。相

比自身竞争力较强的企业，自身竞争力较弱的企业战略性社会责任投入动机更强，其动态调整速度更快。这表明行业竞争程度和企业竞争力分别是企业战略性社会责任投入动态调整行为的外部激发因素和内部驱动因素。

（三）高管人文社科教育背景与社会责任投入动态调整

在中国特有的文化与制度背景下，人文社科教育一方面提高了企业对社会责任的认同感，另一方面教育有助于提高高管的素质和能力，增强企业在激烈竞争环境下的战略决策能力。因此，人文社科教育背景的高管比例将会影响企业社会责任投入动态调整决策。研究结果表明：随着高管团队中人文社科教育背景的高管比例的上升，企业社会责任投入动态调整速度相应提升。

（四）儒家文化与社会责任投入动态调整

儒家文化是中国传统文化的重要组成部分，相对稳定地影响了中国社会数千年，对中国人的思想和行为起到了深刻的隐性约束作用。作为中国最重要的非正式制度之一，会对企业的行为和经营环境产生影响。本书综合运用典籍解读、理论分析和实证检验方法，研究了传统儒家文化对企业社会责任投入动态调整行为的影响。研究结果表明：在儒家文化程度较高的情况下，企业社会责任投入动态调整速度更快，即儒家文化有利于促进企业履行社会责任。

（五）法律环境与社会责任投入动态调整

良好的法律环境可以为企业营造稳定可靠的经营环境，降低信息不对称与市场摩擦，从而降低企业社会责任投入动态调整成本。因此，法律环境的改善对于加快企业社会责任投入动态调整速度可以起到促进作用。研究结果表明：法律环境较好的情况下，企业社会责任投入动态调整速度更快，即良好的法律环境有利于促进加快社会责任调整速度。

（六）市场化程度与社会责任投入动态调整

提高市场化程度可以为企业营造更加公平有序的经营环境，降低资源配置的交易成本。因此，市场化程度的提高有利于企业社会责任投入动态调整成本的降低，从而加快其调整速度。研究结果表明：市场化程度高的情况下，企业社会责任投入动态调整速度更快，即提高市场化程度有利于促进加快社会责任调整速度。

（七）地区经济发展程度与社会责任投入动态调整

企业内生于其所处的政治、经济环境之中，在这些宏观与场域环境内，企业行为受到深刻影响。我国幅员辽阔，各地区经济发展水平差异较大，不同地区的企业所处环境不同。企业的社会责任履行情况与地区经济发展相关。研究结果表明：地区经济发展程度越高，企业社会责任投入动态调整速度越快。

第二节　研究的创新之处

本书的创新主要体现在四个方面：

第一，跨学科、多角度的基础理论性研究，为全面分析企业社会责任投入动态调整提供了深厚的理论基础。深入诠释企业社会责任投入行为的内在机理，在研究内容设计和切入视角上突破了以往局限于静态的社会责任研究框架，并且不拘泥于从微观公司特征探讨企业社会责任投入动态调整问题，从儒家文化、法律环境、市场化程度和地区经济发展水平等方面拓展了社会责任投入动态调整的研究框架。本书致力于经济学、管理学、财务与会计学等多学科的交叉研究，综合运用信息不对称理论、委托—代理理论、利益相关者理论、寻租等经典理论，构建一个较为系统的动态企业社会责任投入动态调整理论体系。

第二，在计量方法上，首先采用 Heckman 模型和两阶段最小二乘法（2SLS）回归克服样本自选择偏误等内生性问题，厘清社会责任投入水平与企业绩效的倒 U 形关系，证实最优社会责任投入水平的存在；其次以此为前提，运用部分调整模型（Partial Adjustment Model）构建企业社会责任投入动态调整模型，剖析企业基于最优社会责任投入水平动态调整其实际社会责任投入的过程；最后采用动态面板广义矩估计（Generalized Method of Moment）估计出具体的调整速度。这不仅量化了社会责任投入的资源配置效率，揭示社会责任投入的动态调整内在机制，也有利于从过程上对社会责任投入进行合理控制并实现优化配置。

第三，研究内容上，不仅研究了产权性质、政治关联、行业竞争、高管人文社科教育背景这些微观因素对企业社会责任投入动态调整的影响，而且分别从正式制度和非正式制度的角度探讨了影响企业社会责任投入动态调整的宏观因素。这些研究既印证了现有的部分研究，又得出了许多新的结论，丰富了企业社会责任理论研究，并为未来的研究提供新的切入点。

第四，政策建议上，结合本书的研究结论和企业社会责任理论，从公司内部环境和外部环境两个方面提出了改善企业社会责任投入水平的优化对策，不仅有的放矢，而且具有较强的前瞻性和实务指导性。

第三节　研究的局限性以及后续研究方向

一、研究的局限性

本书从动态的角度研究企业社会责任投入调整机制及其影响因素，这本身是一个全新的研究视角。尽管本书对这一方向做了比较深入的探讨，但受主客观因素的影响，仍然存在以下不足之处：

其一，企业社会责任投入的衡量方式存在一定的局限性。借鉴李增福等（2016）、李四海等（2015）和权小锋等（2015）等的做法，本书采用慈善捐赠来衡量企业社会责任投入。但企业社会责任投入除了慈善捐赠还有环保投入、员工培训投入、安全投入等多种形式。由于企业社会责任这一概念被引入中国的时间较短，目前在众多社会责任履行方式中，占据主导的仍然是比较传统且直观的慈善捐赠。此外，慈善捐赠金额能从财务报表中获取准确的数据，可靠性高。而其他社会责任投入项目的具体数据难以获取，即便可获得也往往存在严重缺失。考虑到这些原因，本书只能退而求其次地选择了慈善捐赠来衡量。

其二，影响企业社会责任的因素众多且非常复杂。本书从企业内部和外部两个方面研究企业社会责任投入动态调整的影响因素，其中只着重实证分析了每个方面中较为重要的影响因素，如产权性质、政治关联、竞争、高管人文社科教育背景、儒家文化、法律环境、市场化程度、地区经济发展水平等，所以一些未涉及的方面可能还有待探讨。

其三，本书中的样本数据大多取自专业数据库、统计年鉴和专业指标报告，属于二手数据，因此无法避免原始数据中可能已经存在的人为疏忽或错误问题，这些问题会导致实证研究结果可能存在一定的偏差。此外，部分样本受到资料或数据库录入数据截止年度的限制，只能获取较早年度的样本，比如由于樊纲等编写的《中国市场化指数：各地区市场化相对进程2017年报告》中的市场中介组织的发育与法律制度环境得分数据截止到2014年，所以当研究法律环境的影响时样本区间也只能截止到2014年。

二、后续研究方向

基于本书对于企业社会责任投入动态调整行为研究内容，并结合本书的研究不足，今后需要进一步探讨的问题如下：

第一，本书分析了从微观企业内部特征到外部宏观环境因素对企业社会责任投入动态调整的影响，但缺乏中观环境的研究，即基于城市或者区域整体经济效益的视角分析企业社会责任投入动态调整的影响因素。相比宏观经济和微观企业视角的研究，中观分析能够更好地适应地方政府的管理需要和区域战略的需要。因此基于中观视角来研究社会责任投入动态调整是未来需要探讨的方向。

第二，宏观经济政策是政府为了调控整个国民经济而制定的经济政策，它的推行会影响微观企业的行为与产出。宏观经济政策是微观企业行为的背景，而微观企业的行为是宏观经济政策的目标和途径（饶品贵和姜国华，2013）。企业社会责任投入动态调整作为微观企业行为之一，容易受到宏观经济政策的影响，比如经济周期、财政政策、外汇汇率等，未来可以在宏观经济政策方面进一步探讨企业社会责任投入动态调整的影响因素。

第三，本书的研究对象仅限于中国上市公司，企业社会责任投入动态调整现象是否在其他国家存在，尚不得而知，未来可以把研究范围扩展至其他国家。

参考文献

[1] 毕茜, 顾立盟, 张济建. 传统文化, 环境制度与企业环境信息披露 [J]. 会计研究, 2015 (3): 12 – 19 + 94.

[2] 蔡海静, 汪祥耀, 许慧. 基于可持续发展理念的企业整合报告研究 [J]. 会计研究, 2011 (11): 18 – 26 + 92.

[3] 蔡海静, 汪祥耀. 实施整合报告能否提高信息的价值相关性——来自第一个强制实施整合报告的国家南非的经验证据 [J]. 会计研究, 2013 (1): 35 – 41 + 95.

[4] 陈冬华, 胡晓莉, 梁上坤, 新夫. 宗教传统与公司治理 [J]. 经济研究, 2013, 48 (9): 71 – 84.

[5] 陈宏辉, 贾生华. 企业社会责任观的演进与发展: 基于综合性社会契约的理解 [J]. 中国工业经济, 2003 (12): 85 – 92.

[6] 陈志斌, 王诗雨. 产品市场竞争对企业现金流风险影响研究——基于行业竞争程度和企业竞争地位的双重考量 [J]. 中国工业经济, 2015 (3): 96 – 108.

[7] 戴亦一, 潘越, 冯舒. 中国企业的慈善捐赠是一种“政治献金”吗?——来自市委书记更替的证据 [J]. 经济研究, 2014 (2): 76 – 88.

［8］邓建平，曾勇．金融关联能否缓解民营企业的融资约束［J］．金融研究，2011（8）：78－92.

［9］杜维明．儒家伦理与东亚企业精神［M］．北京：中华书局，2003.

［10］樊纲，王小鲁．中国市场化指数：各地区市场化相对进程报告（2017）［M］．北京：经济科学出版社，2018.

［11］冯友兰．新世训——生活方法新论［M］．北京：北京大学出版社，2011.

［12］高勇强，何晓斌，李路路．民营企业家社会身份，经济条件与企业慈善捐赠［J］．经济研究，2011（12）：111－123.

［13］古志辉．全球化情境中的儒家伦理与代理成本［J］．管理世界，2015b（3）：113－123.

［14］古志辉．儒家传统与公司绩效［J］．制度经济学研究，2015a（1）：69－113.

［15］郭道扬．建立会计第二报告体系论纲［J］．会计论坛，2008（1）：11－14.

［16］郭斯萍，马娇阳．精神性：个体成长的源动力——基于中国传统文化的本土思考［J］．苏州大学学报（教育科学版），2014，2（1）：6－13＋126.

［17］贾兴平，刘益．外部环境、内部资源与企业社会责任［J］．南开管理评论，2014（6）：13－18.

［18］金智，徐慧，马永强．儒家文化与公司风险承担［J］．世界经济，2017，40（11）：170－192.

［19］孔东民，刘莎莎，应千伟．公司行为中的媒体角色：激浊扬清还是推波助澜？［J］．管理世界，2013（7）：145－162.

［20］李冬伟，吴菁．高管团队异质性对企业社会绩效的影响［J］．管理评论，2017（12）：86 - 95．

［21］李国平，韦晓茜．企业社会责任内涵，度量与经济后果——基于国外企业社会责任理论的研究综述［J］．会计研究，2014（8）：33 - 40．

［22］李诗田，宋献中．亲社会偏好，合法性压力与社会责任信息披露——基于中国民营上市公司的实证研究［J］．学术研究，2015（8）：84 - 91．

［23］李姝，赵颖，童婧．社会责任报告降低了企业权益资本成本吗？——来自中国资本市场的经验证据［J］．会计研究，2013（9）：64 - 70．

［24］李淑英．企业社会责任：概念界定，范围及特质［J］．哲学动态，2007（4）：41 - 46．

［25］李四海，陈旋，宋献中．穷人的慷慨：一个战略性动机的研究［J］．管理世界，2016（5）：116 - 127．

［26］李四海，李晓龙，宋献中．产权性质，市场竞争与企业社会责任行为——基于政治寻租视角的分析［J］．中国人口·资源与环境，2015（1）：162 - 169．

［27］李松琦．企业社会责任与企业绩效关系探究［J］．市场研究，2019（9）：69 - 73．

［28］李维安，王辉．企业家创新精神培育：一个公司治理视角［J］．南开经济研究，2003（2）：56 - 59．

［29］李增福，汤旭东，连玉君．中国民营企业社会责任背离之谜［J］．管理世界，2016（9）：136 - 148．

［30］刘海峰．科举制与儒学的传承繁衍［J］．中国地质大学学报（社会科学版），2009（1）：7 - 13．

［31］刘建秋，宋献中．契约理论视角下企业社会责任的层次与动

因——基于问卷调查的分析 [J]. 财政研究, 2012 (6): 68 – 71.

[32] 刘津宇, 王正位, 朱武祥. 产权性质, 市场化改革与融资歧视——来自上市公司投资—现金流敏感性的证据 [J]. 天津: 南开管理评论, 2014 (5): 126 – 135.

[33] 刘想, 刘银国. 社会责任信息披露与企业价值关系研究——基于公司治理视角的考察 [J]. 经济学动态, 2014 (11): 89 – 97.

[34] 柳学信, 孔晓旭, 孙梦雨. 企业社会责任信息披露提升了企业声誉吗? ——媒体关注为中介效应的检验 [J]. 财经理论研究, 2019 (1): 87 – 95.

[35] 龙文滨, 宋献中. 基于资源投入视角的社会责任决策与公司价值效应研究 [J]. 南开管理评论, 2014 (6): 41 – 52.

[36] 龙文滨, 宋献中. 社会责任投入增进价值创造的路径与时点研究——一个理论分析 [J]. 会计研究, 2013 (12): 60 – 64.

[37] 卢正文, 刘春林. 产品市场竞争影响企业慈善捐赠的实证研究 [J]. 管理学报, 2011, 8 (7): 1067 – 1074.

[38] 吕晨, 曹方卉, 周之桢, 高洪利. 高管团队知识结构对高科技企业创新绩效的影响 [J]. 中国科技论坛, 2018, 270 (10): 180 – 187.

[39] 罗党论, 魏翥. 政治关联与民营企业避税行为研究——来自中国上市公司的经验证据 [J]. 南方经济, 2012 (11): 29 – 39.

[40] 罗兹曼. 中国的现代化 [M]. 南京: 江苏人民出版社, 1995.

[41] 马克斯·韦伯. 新教伦理与资本主义精神 [M]. 上海: 上海三联书店, 1987.

[42] 孟晓俊, 肖作平, 曲佳莉. 企业社会责任信息披露与资本成本的互动关系——基于信息不对称视角的一个分析框架 [J]. 会计研究, 2010

（9）：25 - 29.

[43] 聂辉华，李金波．政企合谋与经济发展［J］．经济学（季刊），2006（6）：75 - 90.

[44] 诺思．制度，制度变迁与经济绩效［M］．上海：上海格致出版社，2008.

[45] 潘奇，朱一鸣．企业持续捐赠价值效应的实证研究——来自中国A 股上市公司的经验证据［J］．科研管理，2017，38（6）：116 - 124.

[46] 权小锋，吴世农，尹洪英．企业社会责任与股价崩盘风险："价值利器"或"自利工具"？［J］．经济研究，2015（11）：49 - 60.

[47] 饶品贵，姜国华．货币政策、信贷资源配置与企业业绩［J］．管理世界，2013（3）：12 - 22 + 47 + 187.

[48] 涩泽荣一．论语与算盘［M］．武汉：武汉大学出版社，2009.

[49] 山立威，甘犁，郑涛．公司捐款与经济动机——汶川地震后中国上市公司捐款的实证研究［J］．经济研究，2008，43（11）：51 - 61.

[50] 沈艺峰．公司社会责任思想起源与演变［M］．上海：上海人民出版社，2007.

[51] 宋献中，龚明晓．公司会计年报中社会责任信息的价值研究——基于内容的专家问卷分析［J］．管理世界，2006（12）：104 - 110 + 167 + 172.

[52] 宋献中，胡珺，李四海．社会责任信息披露与股价崩盘风险——基于信息效应与声誉保险效应的路径分析［J］．金融研究，2017（4）：161 - 175.

[53] 眭文娟，张慧玉，车璐．寓利于义？企业慈善捐赠工具性的实证解析［J］．中国软科学，2016（3）：107 - 116.

[54] 唐跃军，左晶晶，李汇东．制度环境变迁对公司慈善行为的影响

机制研究 [J]. 经济研究, 2014 (2): 61 -73.

[55] 田昆儒, 蒋勇. 国有股权比例优化区间研究——基于面板门限回归模型 [J]. 当代财经, 2015 (6): 107 -117.

[56] 田利辉, 张伟. 政治关联影响我国上市公司长期绩效的三大效应 [J]. 经济研究, 2013, 48 (11): 71 -86.

[57] 田利辉. 理性预期、政府干预与凯恩斯主义的学术论争 [J]. 改革, 2013 (3): 114 -118.

[58] 汪浩. 提升国企内部治理能力的必然路径混合所有制改革助推产权结构优化 [J]. 国家治理, 2015 (7): 25 -30.

[59] 王辉, 李维安. 企业利益相关者治理研究: 从资本结构到资源结构 [M]. 北京: 高等教育出版社, 2005.

[60] 王青, 徐世勇, 沈洁. 企业社会责任文化促进企业可持续发展的机制研究——以江森自控为例 [J]. 中国人力资源开发, 2018 (3): 149 -158.

[61] 王玮, 郑思齐. 回归商业的本质: "利己" 还是 "利他"? [J]. 清华管理评论, 2018, 67 (12): 28 -34.

[62] 王艳艳, 于李胜, 安然. 非财务信息披露是否能够改善资本市场信息环境?——基于社会责任报告披露的研究 [J]. 金融研究, 2014 (8): 178 -191.

[63] 王站杰. 买生企业社会责任, 创新能力与国际化战略——高管薪酬激励的调节作用 [J]. 管理评论, 2019, 31 (3): 193 -202.

[64] 威廉姆森. 资本主义经济制度 [M]. 北京: 商务印书馆, 2006.

[65] 吴文锋, 吴冲锋, 芮萌. 中国上市公司高管的政府背景与税收优惠 [J]. 管理世界, 2009 (3): 134 -142.

[66] 肖红军, 张哲. 企业社会责任悲观论的反思 [J]. 管理学报,

2017，14（5）：720 – 729.

［67］修宗峰，周泽将．商帮文化情境下民营上市公司业绩对慈善捐赠的影响［J］．管理学报，2018，15（9）：1347 – 1358.

［68］徐细雄，李万利，陈西婵．儒家文化与股价崩盘风险［J］．会计研究，2020（4）：143 – 150.

［69］许年行，李哲．高管贫困经历与企业慈善捐赠［J］．经济研究，2016，51（12）：133 – 146.

［70］杨金磊，王珍奇．社会责任、盈余管理与企业绩效［J］．东莞理工学院学报，2019，26（3）：99 – 105.

［71］杨柳新．大学的价值观教育与文化认同［J］．北京大学教育评论，2008，6（4）：107 – 124 + 190.

［72］杨楠．基于中国上市公司的资本结构，社会责任与企业绩效分析［J］．管理学报，2015，12（6）：896.

［73］曾建光，张英，杨勋．宗教信仰与高管层的个人社会责任基调——基于中国民营企业高管层个人捐赠行为的视角［J］．管理世界，2016（4）：97 – 110.

［74］张建君．竞争—承诺—服从：中国企业慈善捐款的动机［J］．管理世界，2013（9）：118 – 129.

［75］张敏，马黎珺，张雯．企业慈善捐赠的政企纽带效应——基于我国上市公司的经验证据［J］．管理世界，2013（7）：163 – 171.

［76］张维迎．制度企业家与儒家社会规范［J］．北京大学学报（哲学社会科学版），2013，50（1）：16 – 35.

［77］张兆国，靳小翠，李庚秦．企业社会责任与财务绩效之间交互跨期影响实证研究［J］．会计研究，2013（8）：32 – 39 + 96.

[78] 周浩, 汤丽荣. 市场竞争能倒逼企业善待员工吗? ——来自制造业企业的微观证据 [J]. 管理世界, 2015 (11): 135-144.

[79] 周黎安, 陶婧. 政府规模、市场化与地区腐败问题研究 [J]. 经济研究, 2009 (1): 57-69.

[80] 周中胜, 何德旭, 李正. 制度环境与企业社会责任履行: 来自中国上市公司的经验证据 [J]. 中国软科学, 2012 (10): 59-68.

[81] 朱保炯, 谢沛霖. 明清进士题名碑录索引 [M]. 上海: 古籍出版社, 1980.

[82] 祝继高, 陆正飞. 融资需求, 产权性质与股权融资歧视——基于企业上市问题的研究 [J]. 南开管理评论, 2012, 15 (4): 141-150.

[83] 邹萍, 厉国威. 法制环境, 两权分离与资本结构动态调整 [J]. 财经论丛, 2016 (9): 63-71.

[84] 邹萍. "言行一致" 还是 "投桃报李"? ——企业社会责任信息披露与实际税负 [J]. 经济管理, 2018, 40 (3): 159-177.

[85] 邹萍. 慈善捐赠动态调整机制及其异质性研究 [J]. 管理学报, 2019, 16 (6): 904-914.

[86] 邹萍. 地区经济发展、社会责任行为与科技创新投入 [J]. 科学学研究, 2018, 36 (5): 922-932.

[87] 邹萍. 儒家文化能促进企业社会责任信息披露吗? [J]. 经济管理, 2020, 42 (12): 76-93.

[88] Alexander, G. J., and R. A. Buchholz. Corporate Social Responsibility and Stock Market Performance [J]. Academy of Management Journal, 1978, 21 (3): 479-486.

[89] Allen, F., Jun Qian, and Meijun Qian. Law, Finance, and Economic

Growth In China [J]. Journal of Financial Economics, 2004, 77 (1): 57 – 116.

[90] Amato, L. H., and C. H. Amato. The Effects of Firm Size and Industry on Corporate Giving [J]. Journal of Business Ethics, 2007, 72 (3): 229 – 241.

[91] Arellano, M. and Bover, O. Another Look at the Instrumental Variable Estimation of Error – Components Models [J]. Journal of Econometrics, 1995 (68): 29 – 52.

[92] Arellano, M., and S. Bond. Some Tests of Specification for Panel Data: Monte Carlo Evidence and an Application to Employment Equations [J]. The Review of Economic Studies, 1991, 58 (2): 277 – 297.

[93] Attig, N., and P. Brockman. The Local Roots of Corporate Social Responsibility [J]. Journal of Business Ethics, 2017, 142 (3): 479 – 496.

[94] Backhaus, K. B., B. A. Stone and K. Heiner. Exploring the Relationship Between Corporate Social Performance and Employer Attractiveness [J]. Business & Society, 2002, 41 (3): 292 – 318.

[95] Barnett, M. L., and R. M. Salomon. Beyond Dichotomy: The Curvilinear Relationship between Social Responsibility and Financial Performance [J]. Strategic Management Journal, 2006, 27 (11): 1101 – 1122.

[96] Barnett, M. L., and R. M. Salomon. Does It Pay to be Really Good? Addressing the Shape of the Relationship between Social and Financial Performance [J]. Strategic Management Journal, 2012, 33 (11): 1304 – 1320.

[97] Benlemlih, M., Jaballah and Peilex. Does It Really Pay to Do Better? Exploring the Financial Effects of Changes in CSR Ratings [J]. Applied Economics, 2018, 50 (51): 5464 – 5482.

[98] Benoit, J. P. Financially Constrained Entry in a Game with Incomplete

Information [J]. The Rand Journal of Economics, 1984, 15 (4): 490 – 499.

[99] Berman, S. L. , A. C. Wicks, S. Kotha and T. M. Jones. Does Stakeholder Orientation Matter? The Relationship between Stakeholder Management Models and Firm Financial Performance [J]. Academy of Management Journal, 1999, 42 (5): 488 – 506.

[100] Bhandari, A. , and D. Javakhadze. Corporate Social Responsibility and Capital Allocation Efficiency [J]. Journal of Corporate Finance, 2017 (43): 354 – 377.

[101] Bhattacharya, C. B. , and S. Sen. Consumer – company Identification: A Framework for Understanding Consumers' Relationships with Companies [J]. Journal of Marketing, 2003, 67 (2): 76 – 88.

[102] Bin, O. , and B. Edwards . Social Capital and Business Giving to Charity Following a Natural Disaster: An Empirical Assessment [J]. The Journal of Socio – Economics, 2009, 38 (4): 601 – 607.

[103] Blundell, R. , and S. Bond. Initial Conditions and Moment Restrictions in Dynamic Panel Data Models [J]. Journal of Econometrics, 1998, 87 (1): 115 – 143.

[104] Bond, S. R. Dynamic Panel Data Models: A Guide to Micro Data Methods and Practice [J]. Portuguese Economic Journal, 2002, 1 (2): 141 – 162.

[105] Bourgeois, L. J. On the Measurement of Organizational Slack [J]. Academy of Management Review, 1981, 35 (1): 1 – 7.

[106] Bragdon, J. H. , and J. Marlin. Is Pollution Profitable [J]. Risk Management, 1972, 19 (4): 9 – 18.

[107] Brammer, S. , and A. Millington. Does It Pay to Be Different? An

Analysis of the Relationship between Corporate Social and Financial Performance [J]. Strategic Management Journal, 2008, 29 (12): 1325 – 1343.

[108] Brammer, S. , and A. Millington. Firm Size, Organizational Visibility and Corporate Philanthropy: An Empirical Analysis [J]. Business Ethics: A European Review, 2006, 15 (1): 6 – 18.

[109] Brammer, S. , and A. Millington. The Development of Corporate Charitable Contributions in the UK: A Stakeholder Analysis [J]. Journal of Management Studies, 2004, 41 (8): 1411 – 1434.

[110] Brammer, S. , C. Brooks, and S. Pavelin. Corporate Social Performance and Stock Returns in the UK: Evidence from Disaggregate Measures [J]. Financial Management, 2006, 35 (3): 97 – 116.

[111] Brammer, S. , and A. Millington. The Effect of Stakeholder Preferences, Organizational Structure and Industry Type on Corporate Community Involvement [J]. Journal of Business Ethics, 2003, 45 (3): 213 – 226.

[112] Brammer, S. , A. Millington, and S. Pavelin. Is Philanthropy Strategic? An Analysis of the Management of Charitable Giving in Large UK Companies [J]. Business Ethics: A European Review, 2006, 15 (3): 234 – 245.

[113] Brown, W. O. Browm, E. Helland, and J. K. Smith. Corporate Philanthropic Practices [J]. Journal of Corporate Finance, 2006, 12 (5): 855 – 877.

[114] Buckholtz, A. K. , Amason A. C. and Rutherford M. A. Beyond Resources: The Mediating Effects of Top Management Discretion and Values on Corporate Philanthropy [J]. Business & Society, 1999, 38 (2): 167 – 187.

[115] Bénabou, R. , and J. Tirole. Incentives and Prosocial Behavior, A-

merican Economic Review [J]. American Economic Association, 2006, 96 (5): 1652 – 1678.

[116] Cai, H. Bonding, Law Enforcement and Corporate Governance in China [J]. Stanford Journal of Law, Business & Finance, 2007 (13): 53 – 82.

[117] Camerer, C. Behavioral Game Theory: Experiments in Strategic Interaction [J]. Cuadernos De Economía, 2004, 23 (41): 229 – 236.

[118] Campbell, J. L. Why would Corporations Behave in Socially Responsible Ways? An Institutional Theory of Corporate Social Responsibility [J]. Academy of Management Review, 2007, 32 (3): 946 – 967.

[119] Campbell, D. , and R. Slack. The Strategic Use of Corporate Philanthropy: Building Societies and Demutualisation Defences [J]. Business Ethics: A European Review, 2007, 16 (4): 326 – 343.

[120] Campbell, D. , G. Moore, and M. Metzger. Corporate Philanthropy in the UK 1985 – 2000 Some Empirical Findings [J]. Journal of Business Ethics, 2002, 39 (1 – 2): 29 – 41.

[121] Carroll, A. A Three Dimensional Modelo of Corporate Performance [J]. The Academy of Management Review, 1979, 4 (4): 497 – 506.

[122] Carroll, A. B. ManagingEthically with Global Stakeholders: A Present and Future Challenge [J]. Academy of Management Perspectives, 2004, 18 (2): 114 – 120.

[123] Choi, J. , and H. Wang. The Promise of a Managerial Values Approach to Corporate Philanthropy [J]. Journal of Business Ethics, 2007, 75 (4): 345 – 359.

[124] Clarkson, M. B. E. A Stakeholder Framework for Analyzing and E-

valuating Corporate Social Performance [J]. Academy of Management Review, 1995, 20 (1): 92 – 117.

[125] Clemens, B. W. , and T. J. Douglas . Understanding Strategic Responses to Institutional Pressures [J]. Journal of Business Research, 2005, 58 (9): 1205 – 1213.

[126] Coase, R. H. The Nature of the Firm [M]. New York: Essential Readings in Economics, Springer, 1995.

[127] Davis, A. K. , Guenther, D. A. , and Krull, L. K. Do Socially Responsible Firms Pay More Taxes? [J]. Accounting review, 2016, 91 (1): 47 –68.

[128] DiMaggio, P. J. , and W. W. Powell. The Iron Cage Revisited: Institutional Isomorphism and Collective Rationality in Organizational Fields [J]. American Sociological Review, 1983, 48 (2): 147 – 160.

[129] Donaldson, T. , and T. W. Dunfee. Integrative Social Contracts Theory [J]. Economics and Philosophy, 1995, 11 (1): 85 –112.

[130] Donaldson, T. , and T. W. Dunfee. Toward a Unified Conception of Business Ethics: Integrative Social Contracts Theory [J]. Academy of Management Review, 1994, 19 (2): 252 –284.

[131] Du, X. Q. , Jian, W. , Du, Y. J. , Feng, W. T. , and Zeng, Q. Religion, the Nature of Ultimate Owner, and Corporate Philanthropic Giving: Evidence from China [J]. Journal of Business Ethics, 2014, 123 (2): 235 – 256.

[132] Du, X. Q. Does Confucianism Reduce Board Gender Diversity? Firm – Level Evidence from China [J]. Journal of Business Ethics, 2016, 136 (2): 399 –436.

[133] Dutton, J. E., Dukerich, J. M., and Harquail, C. V. Organizational Images and Member Identification [J]. Administrative Science Quarterly, 1994, 39 (2): 239 – 263.

[134] Ellis, L., and C. Bastin. Corporate Social Responsibility in Times of Recession: Changing Discourses and Implications for Policy and Practice [J]. Corporate Social Responsibility and Environmental Management, 2011, 18 (5): 294 – 305.

[135] Fama, E. F., and K. R. French. The Cross Section of Expected Stock Returns [J]. Journal of Finance, 1992, 47 (2): 427 – 465.

[136] Fama, E. F. Agency Problems and the Theory of the Firm [J]. Journal of Political Economy, 1980, 88 (2): 288 – 307.

[137] Fang, V. W., T. H. Noeand S. Tice. Stock Market Liquidity and Firm Value [J]. Journal of Financial Economics, 2009, 94 (1): 150 – 169.

[138] Fineman, S., and K. Clarke. Green Stakeholders: Industry Interpretations and Response [J]. Journal of Management Studies, 1996, 33 (6): 715 – 730.

[139] Fombrun, C. J., N. A. Gardberg., and M. L. Barnett. Opportunity Platforms and Safety Nets: Corporate Citizenship and Reputational Risk [J]. Business and Society Review, 2010, 105 (1): 85 – 106.

[140] Fombrun, C. J. A World of Reputation Research, Analysis and Thinking – Building Corporate Reputation through CSR Initiatives: Evolving Standards [J]. Corporate Reputation Review, 2005, 8 (1): 7 – 12.

[141] Fonseka, M. M., L. P. Samarakoon., and L. T. Gao. Equity Financing Capacity and Stock Returns: Evidence from China [J]. Journal of Inter-

national Financial Markets, Institutions and Money, 2012, 22 (5): 1277 – 1291.

[142] Frederick, W. C. Point of View: Corporate Social Responsibility in the Reagan Era and Beyond [J]. California Management Review, 1983, 25 (3): 145 – 157.

[143] Freeman, R. E. Strategic Management: A Stakeholder Approach [M]. Cambridge: Cambridge University Press, 2010.

[144] Friedman, M. A. Friedman Doctrine: The Social Responsibility of Business is to Increase Its Profits [J]. The New York Times Magazine, 1970 (13): 32 – 33.

[145] Frooman, J. Stakeholder Influence Strategies [J]. Academy of Management Review, 1999, 24 (2): 191 – 205.

[146] Fu, P. P., and A. S. Tsui. Utilizing Printed Media to Understand Desired Leadership Attributes in the People' s Republic of China [J]. Asia Pacific Journal of Management, 2003, 20 (4): 423 – 446.

[147] Galaskiewicz, J., and R. S. Burt. Interorganization Contagion in Corporate Philanthropy [J]. Administrative Science Quarterly, 1991 (36): 88 – 105.

[148] Galaskiewicz, J. Making Corporate Actors Accountable: Institution – Building in Minneapolis – St. Paul [J]. The New Institutionalism in Organizational Analysis, 1991 (293): 296 – 310.

[149] Gao, Y. Q., and T. Hafsi. Government Intervention, Peers' Giving and Corporate Philanthropy: Evidence from Chinese Private SMEs [J]. Journal of Business Ethics, 2015, 132 (2): 433 – 447.

［150］ Gautier, A. , and A. C. Pache. Research on Corporate Philanthropy: A Review and Assessment ［J］. Journal of Business Ethics, 2015, 126 （3）: 343 – 369.

［151］ Godfrey, P. C. The Relationship between Corporate Philanthropy and Shareholder Wealth: A Risk Management Perspective ［J］. Academy of Management Review, 2005, 30 （4）: 777 – 798.

［152］ Godfrey, P. C. , C. B. Merrill, and J. M. Hansen. The Relationship between Corporate Social Responsibility and Shareholder Value: An Empirical Test of the Risk Management Hypothesis ［J］. Strategic Management Journal, 2009, 30 （4）: 425 – 445.

［153］ Gompers, P, Metrick, I. J. Corporate Governance and Equity Prices ［J］. The Quarterly Journal of Economics, 2003, 118 （1）: 107 – 156.

［154］ Goodman, M. B. , M. C. Branco, and L. L. Rodrigues. Communication of Corporate Social Responsibility by Portuguese Banks ［J］. Corporate Communications: An International Journal, 2006, 30 （4）: 425 – 445.

［155］ Grant, A. M. , J. E. Dutton, and B. D. Rosso. Giving Commitment: Employee Support Programs and the Prosocial Sensemaking Process ［J］. Academy of Management Journal, 2008, 51 （5）: 898 – 918.

［156］ Greif A. Cultural Beliefs and the Organization of Society: A Historical and Theoretical Reflection on Collectivist and Individualist Societies ［J］. Journal of Political Economy, 1994, 102 （5）: 912 – 950.

［157］ Hart, O. Firms, Contracts, and Financial Structure ［M］. Oxford: Clarendon Press, 1995.

［158］ Hart, O. Theories of Optimal Capital Structure: A Principal – agent

Perspective [C]. Brookings Conference on Takeovers, LBOs, and Changing Corporate Forms, 1991.

[159] Heckman, J. J. Sample Selection Bias as a Specification Error [J]. Econometrica, 1979, 47 (1): 153 – 161.

[160] Hemingway, C. A., and P. W. Maclagan. Managers' Personal Values as Drivers of Corporate Social Responsibility [J]. Journal of Business Ethics, 2004, 50 (1): 33 – 44.

[161] Hilary, G., and K. W. Hui. Does Religion Matter in Corporate Decision Making in America? [J]. Journal of Financial Economics, 2009, 93 (3): 455 – 473.

[162] Hillman, A. J., and G. D. Keim. Shareholder Value, Stakeholder Management, and Social Issues: What's the Bottom Line? [J]. Strategic Management Journal, 2001, 22 (2): 125 – 139.

[163] Huang, C. L., and J. L. Tsai. Managerial Morality and Philanthropic Decision – Making: A Test of an Agency Model [J]. Journal of Business Ethics, 2015, 132 (4): 795 – 811.

[164] Jayaraman, S., and T. Milbourn. The Role of Stock Liquidity in Executive Compensation [J]. The Accounting Review, 2012, 87 (2): 537 – 563.

[165] Jensen, M. C., and W. H. Meckling. Theory of the Firm: Managerial Behavior, Agency Costs and Ownership Structure [J]. Journal of Financial Economics, 1976, 3 (4): 305 – 360.

[166] Jensen, M. C. Agency Costs of Free Cash Flow, Corporate Finance, and Takeovers [J]. The American Economic Review, 1986, 76 (2): 323 –

329.

[167] Jia, M. , and Z. Zhang . News Visibility and Corporate Philanthropic Response: Evidence from Privately Owned Chinese Firms Following the Wenchuan Earthquake [J]. Journal of Business Ethics, 2015, 129 (1): 93 – 114.

[168] Jiang, F. X. , Z. Jiang, Kenneth. A. Kim. , and M. Zhang. Family – firm Risk – taking: Does Religion Matter? [J]. Journal of Corporate Finance, 2015 (33): 260 – 278.

[169] Jo, H. , and H. Na. Does CSR Reduce Firm Risk? Evidence from Controversial Industry Sectors [J]. Journal of Business Ethics, 2012, 110 (4): 441 – 456.

[170] Kahn, H. World Economic Development: 1979 and Beyond [M]. Colorado: Westview Press, 1979.

[171] Kahneman, D. , J. L. Knetsch. , and R. H. Thaler. Fairness and the Assumptions of Economics. [J]. The Journal of Business, 1986, 59 (4): 285 – 300.

[172] Kang, H. H. , and S. B. Liu. Corporate Social Responsibility and Corporate Performance: AQuantileRegressionApproach [J]. Quality & Quantity, 2014, 48 (6): 3311 – 3325.

[173] Kim, Y. , M. S. Park. , and B. Wier. Is Earnings Quality Associated with Corporate Social Responsibility? [J]. The Accounting Review, 2012, 87 (3): 761 – 796.

[174] Kinderman, D. P. Corporate Social Responsibility in the EU, 1993 – 2013: Institutional Ambiguity, Economic Crises, Business Legitimacy and Bureaucratic Politics [J]. Journal of Common Market Studies, 2013, 51 (4): 701 –

720.

[175] Kohlberg L. , and R. Mayer. Development as the Aim of Education [J]. Harvard Educational Review, 1972, 42 (4): 449 –496.

[176] Lee, E. , W. Martin. , and Z. Cheng (Colin) . Do Chinese State Subsidies Affect Voluntary Corporate Social Responsibility Disclosure? [J]. Journal of Accounting and Public Policy, 2017, 36 (3): 179 –200.

[177] Lev, B. , P. Christine. , and R. Suresh. Is Doing Good Good for You? How Corporate Charitable Contributions Enhance Revenue Growth [J]. Strategic Management Journal, 2010, 31 (2): 182 –200.

[178] Li, W. , and R. Zhang. Corporate Social Responsibility, Ownership Structure, and Political Interference: Evidence from China [J]. Journal of Business Ethics, 2010, 96 (4): 631 –645.

[179] Li, S. H. , X. Z. Song. , and H. Y. Wu. Political Connection, Ownership Structure, and Corporate Philanthropy in China: A Strategic – Political Perspective [J]. Journal of Business Ethics, 2015, 129 (2): 399 –411.

[180] Logsdon, J. M. , and D. J. Wood. Business Citizenship: From Domestic to Global Level of Analysis [J]. Business Ethics Quarterly, 2012, 12 (2): 155 –187.

[181] Lys, T. , J. P. Naughton. , and C. Wang. Signaling through Corporate Accountability Reporting [J]. Journal of Accounting & Economics, 2015, 60 (1): 56 –72.

[182] Manuel, A. , and B. Stephen. Some Tests of Specification for Panel Data: Monte Carlo Evidence and an Application to Employment Equations [J]. The Review of Economic Studies, 1991, 58 (2): 277 –297.

[183] Marquis, C., and M. Lee. Who is Governing Whom? Executives, Governance, and the Structure of Generosity in large US firms [J]. Strategic Management Journal, 2013, 34 (4): 483 –497.

[184] McWilliams, A., and D. Siegel. Corporate Social Responsibility and Financial Performance: Correlation or Misspecification? [J]. Strategic Management Journal, 2000, 21 (5): 603 –609.

[185] McWilliams, A., and D. Siegel. Corporate Social Responsibility: A Theory of the Firm Perspective [J]. Academy of Management Review, 2001, 26 (1): 117 –127.

[186] McWilliams, A., and D. S. Siegel. Creating and Capturing Value: Strategic Corporate Social Responsibility, Resource – based Theory, and Sustainable Competitive Advantage [J]. Journal of Management, 2011, 37 (5): 1480 –1495.

[187] Mescon, T. S., Tilson, D. J. Corporate Philanthropy: A Strategic Approach to the Bottom Line [J]. California Management Review, 1987, 29 (2): 49 –61.

[188] Mirvis, P., and B. Googins. Stages of Corporate Citizenship [J]. California Management Review, 2006, 48 (2): 104 –126.

[189] Moskowitz, M. Choosing Socially Responsible Stocks [J]. Business and Society Review, 1972, 1 (1): 71 –75.

[190] Motta, E. Institutional Investors, Corporate Social Responsibility, and Stock Price Performance [R]. Working Papers, 2016.

[191] Muller, A., M. D. Pfarrer., and L. M. Little. A Theory of Collective Empathy in Corporate Philanthropy Decisions [J]. Academy of Management

Review, 2014, 39 (1): 1 – 21.

[192] Muller, A. , and R. Kraussl. The Value of Corporate Philanthropy During Times of Crisis: The Sensegiving Effect of Employee Involvement [J]. Journal of Business Ethics, 2011, 103 (2): 203 – 220.

[193] Navarro, P. Why do Corporations Give to Charity? [J]. Journal of Business, 1988, 61 (1): 65 – 93.

[194] Neiheisel, S. R. Corporate Strategy and The Politics of Goodwill: A Political Analysis of Corporate Philanthropy in America [M]. New York: New York Peter Lang Publishing Inc, 1994.

[195] Nelling, E. , and E. Webb. Corporate Social Responsibility and Financial Performance: the "Virtuous Circle" Revisited [J]. Review of Quantitative Finance and Accounting, 2009, 32 (2): 197 – 209.

[196] Orlitzky, M. , F. L. Schmidt. , and S. L. Rynes. Corporate Social and Financial Performance: A Meta – Analysis. [J] . Organization Studies, 2003, 24 (3): 403 – 441.

[197] Peloza, J. , and J. Shang. How Can Corporate Social Responsibility Activities Create Value for Stakeholders? A Systematic Review [J]. Journal of the Academy of Marketing Science, 2011, 39 (1): 117 – 135.

[198] Peress, J. Product Market Competition, Insider Trading, and Stock Market Efficiency [J]. the Journal of Finance, 2010, 65 (1): 1 – 43.

[199] Porter M E, Kramer M R. The Competitive Advantage of Corporate Philanthropy [J]. Harvard Business Review, 2002, 80 (12): 56 – 68.

[200] Rashid, A. , and S. C. Lodh. The Influence of Ownership Structures and Board Practices on Corporate Social Disclosures in Bangladesh [J]. Re-

search in Accounting in Emerging Economies, 2008, 8 (1): 211 –237.

[201] Rowley, T. Moving Beyond Dyadic Ties: A Network Theory of Stake-holder Influences [J]. Academy of Management Review, 1997, 22 (4): 887 – 910.

[202] Saiia, D. H. , A. B. Carroll and A. K. Buchholtz. Philanthropy as Strategy: When Corporate Charity "Begins at Home" [J]. Business & Society, 2003, 42 (2): 169 –201.

[203] Seifert, B. , S. A. Morris, and B. R. Bartkus. Having, Giving, and Getting: Slack Resources, Corporate Philanthropy, and Firm Financial Per-formance [J]. Business &Society, 2004, 43 (2): 135 –161.

[204] Sheldon O. The Social Responsibility of Management. The Philosophy of Management [M]. London: Sir Isaac Pit. Man and Sons L td, 1924.

[205] Spicer, B. H. Investors, Corporate Social Performance and Informa-tion Disclosure: An Empirical Study [J]. Accounting Review, 1978, 53 (1): 94 –111.

[206] Tesler, L. G. Competition Position and the Volatility of Cash Flow [J]. The Journal of Finance, 1987, 32 (2): 1298 –1326.

[207] Ullmann, A. A. Data in Search of A Theory: A Critical Examination of the Relationships among Social Performance, Social Disclosure, and Economic Performance of US Firms [J]. Academy of Management Review, 1985, 10 (3): 540 –557.

[208] Van Cranenburgh, K. C. , and D. Arenas. Strategic and Moral Di-lemmas of Corporate Philanthropy in Developing Countries: Heineken in Sub – Saharan Africa [J]. Journal of Business Ethics, 2014, 122 (3): 523 –536.

[209] Waddock, S. Parallel Universes: Companies, Academics, and the Progress of Corporate Citizenship [J]. Business and Society Review, 2004, 109 (1): 5 - 42.

[210] Wang, H. L., and C. L. Qian. Corporate Philanthropy and Corporate Financial Performance: The Roles of Stakeholder Response and Political Access [J]. Academy of Management Journal, 2011, 54 (6): 1159 - 1181.

[211] Wang, H., J. Choi, and J. Li. Too Little or Too Much? Untangling the Relationship between Corporate Philanthropy and Firm Financial Performance [J]. Organization Science, 2008, 19 (1): 143 - 159.

[212] Wartick, S. L., and P. L. Cochran. The Evolution of the Corporate Social Performance Model [J]. Academy of Management Review, 1985, 10 (4): 758 - 769.

[213] Welford, R. J. Corporate social responsibility in Europe, north America and Asia [J]. Journal of Corporate Citizenship, 2005, 17 (1): 33 - 52.

[214] Wiersema M. F., and K. A. Bantel. Top Management Team Demography and Corporate Strategic Change [J]. Academy of Management Journal, 1992, 35 (1): 91 - 121.

[215] Williamson, Oliver E. The Theory of the Firm as Governance Structure: From Choice to Contract [J]. Journal of Economic Perspectives, 2002, 16 (3): 171 - 195.

[216] Wu, S. W., F. Y. Lin, and C. M. Wu. Corporate Social Responsibility and Cost of Capital: An Empirical Study of the Taiwan Stock Market [J]. Emerging Markets Finance and Trade, 2014, 50 (1): 107 - 120.

[217] Yeh, C. C., F. Y. Lin, T. S. Wang, and C. - M. Wu. Does Cor-

porate Social Responsibility Affect Cost of Capital in China? [J]. Asia Pacific Management Review, 2020, 25 (1): 1 – 12.

[218] Yu, F. Analyst Coverage and Earnings Management [J]. Journal of Financial Economics, 2008, 88 (2): 245 – 271.

[219] Zaharia, R. M. , and D. Grundey. Corporate Social Responsibility in the Context of Financial Crisis: A Comparison between Romania and Lithuania [J]. The Amfiteatru Economic Journal, 2011, 13 (29): 195 – 206.

[220] Zhang, R. , Z. Rezaee. , and J. Zhu. Corporate Philanthropic Disaster Response and Ownership Type: Evidence from Chinese Firms' Response to the Sichuan Earthquake [J]. Journal of Business Ethics, 2010, 91 (1): 51 – 63.

[221] Zou Ping. Too Little or Too Much? The Dynamic Adjustment of Corporate Philanthropy [J]. Applied Economics, 2021, 53 (2): 221 – 234.

[222] Zucker, L. G. Production of Trust: Institutional Sources of Economic Structure [J]. Research in Organizational Behavior, 1986, 8 (2): 53 – 111.